创新·服务·融合：
现代图书馆研究

曾美琳 ◎ 著

吉林人民出版社

图书在版编目 (CIP) 数据

创新·服务·融合：现代图书馆研究 / 曾美琳著
. -- 长春：吉林人民出版社，2022.8
ISBN 978-7-206-19130-5

Ⅰ.①创… Ⅱ.①曾… Ⅲ.①现代图书馆－研究
Ⅳ.① G25

中国版本图书馆 CIP 数据核字 (2022) 第 155127 号

创新·服务·融合：现代图书馆研究

CHUANGXIN·FUWU·RONGHE : XIANDAI TUSHUGUAN YANJIU

著　　者：曾美琳
责任编辑：王　丹　　　　　　　　　封面设计：张　洁
吉林人民出版社出版 发行（长春市人民大街 7548 号）　邮政编码：130022
印　　刷：石家庄汇展印刷有限公司
开　　本：710mm×1000mm　　　　　1/16
印　　张：12.5　　　　　　　　　　字　　数：210 千字
标准书号：ISBN 978-7-206-19130-5
版　　次：2022 年 8 月第 1 版　　　印　　次：2022 年 8 月第 1 次印刷
定　　价：65.00 元

前言

信息时代的到来给人类社会的各个方面带来了前所未有的改变。大到一个国家或地区，小到普通百姓，对信息的需求都是不可或缺的。它影响着人们的衣食住行，已经成为人们生活中的一部分。如今，风靡全球的互联网不但缩短了人们之间的时间、空间距离，而且影响着人们的生活方式，并将最终改变人们获取信息和传播信息的方式。

在数字化、网络化的 21 世纪，图书馆大力发展网络信息服务将是大势所趋，从 20 世纪 90 年代初开始，互联网的发展进入全盛时期。图书馆作为文献信息中心，以服务社会、服务读者为宗旨。它的基本功能是直接或间接地满足读者的需要。因此，图书馆一切工作的出发点和归宿都应以服务为基础。可以说，服务是衡量图书馆效益的标准，是评价图书馆工作的重要指标。图书馆的魅力不仅在于它有多少藏书，还在于它的服务，在于它的人性化服务理念，在于它的服务质量和服务方向。

随着以网络为核心的计算机技术、通信技术和数字信息技术的飞速发展，计算机网络以其强大的生命力、信息提供和检索能力风靡全球，使信息的获取和传输进入网络时代。与此同时，搜索引擎、社交网络平台等网络工具不断发展，网络资源日益丰富，改变了人们获取信息资源的方式和习惯。用户获取信息的渠道和方式的多样化给图书馆的服务带来了强烈的冲击，使图书馆的传统优势地位面临严峻的挑战。信息技术在图书馆中的广泛应用使图书馆服务有了一些新的特点，如信息化的服务理念、服务内容，多样化的服务方式。互联网不仅可以提供丰富的文本信息，还可以提供生动的图形、图像、动画、音频、视频等多媒体信息。随着科学技术的发展，网络信息传播越来越方便、安全、快捷、廉价，这正是信息使用者所需要的。这意味着网络信息服务将在信息服务市场上超越传统信息服务，占据绝对优势。

本书以工作实践为基础，以图书馆创新、服务、融合为主线，对图书馆服务中所涉及的基本问题进行较为全面的论述，探讨在互联网背景下如何提高图书馆服务质量，为图书未来发展提供新思路。本书共六章：信息社会下的现代图书馆概况、现代图书馆管理与创新、现代图书馆公共空间设计创新与人性化体现、现代图书馆服务平台与服务环境、现代图书馆网络信息服务的新型模式、网络环境下现代图书馆的融合发展路径。

目录

第一章　信息社会下的现代图书馆概况

第一节 信息社会与现代图书馆

一、信息社会的特征

20世纪70年代，日本的研究机构和研究人员提出了信息系数的概念，用来表示每个家庭的信息相关消费占家庭总支出的比例。虽然他们的研究结果因计算方式而异，但他们都表明，随着个人收入的增加，信息系数提高，恩格尔系数降低。社会越富有，信息系数就越高。因此，他们提议将信息系数超过50%的社会定义为信息社会。但将信息系数作为指标的缺点在于，它主要反映的是家庭消费信息商品和服务的倾向，而不能准确反映整个社会的信息化程度。

西方学者公认的信息社会的主要衡量指标是信息产业在整个国民经济中的比重和信息行业从业人员占就业人口的比例。一是信息产业产值占国内生产总值的比重超过一半。信息产业包括计算机制造、电信、印刷、新闻媒体、广告、会计、教育等生产、加工、销售信息产品和服务的主要信息部门，以及风险管理行业的企业。二级信息部门是为企业的产品生产和其他内部消费生产信息产品和服务的部门，如信息咨询服务机构。二是信息行业从业人员占就业人口的一半以上，明显标志是白领工人（计算机程序员、系统分析师、图书管理员、记者、律师、教师、工程师、医生、护士等）创造、处理和分发信息的数量超过了蓝领工人。

在信息社会中，信息成为比物质和能源更重要的资源，信息的生产、储存、加工、传输成为一个重要的产业。在信息社会中，科学技术发展

迅速,大多数从事信息收集、处理和传播工作的人成为社会的主要工作者。信息社会具有以下特征:

（一）在信息社会中起决定性作用的不是资本，而是信息和知识

电子计算机与通信技术的结合催生了计算机通信业，极大地扩大了信息存储量，加快了信息传播。通信卫星网络的建设把世界联结成一个整体。在信息社会中，社会变革的源泉是知识和信息。知识的扩充、知识的系统化大规模生产已成为决定生产力、竞争力和经济增长的关键因素。美国著名企业管理学者德鲁克（Peter F. Drucker）说："知识已经成为最重要的产业，它为经济提供了生产所需的重要核心资源。"

（二）信息社会是信息充分共享的社会

什么是真正的信息社会？真正的信息社会具有取之不尽、用之不竭的信息资源，并且这些信息资源能够容易、及时、充分地被社会所有成员共享。只有这样，才能最大限度地开发利用信息资源，更好地发展社会生产力。信息社会的信息共享具有以下特征:

（1）信息无处不在。世界上任何地方的人只要需要或愿意，就可以用信息的任何形式（语音、文字、图像、视频等）与任何地方的机构或个人进行交流。

（2）信息全时性。人们可以随时与外界的任何场所、组织或个人以各种形式（声音、文字、图像、视频等）交换信息，获取生产、工作、学习、生活、娱乐等方面所需的信息资源。

（3）信息普及性。在信息社会中，信息通信技术、手段和服务成为人们日常生产、工作和生活中不可缺少的。信息通信技术、手段和服务的价格应是每个家庭和每个人都能负担得起的。只有这样，才能充分开发利用每一个角落、每一个人的信息资源，才能充分开发利用社会的信息资源，为每一个人服务。

二、信息社会对图书馆的影响

图书馆是社会的产物，随着社会的需要而产生，随着社会的发展而发展。当今社会，工业经济正在向知识经济发展，知识经济是以信息技术为基础的。在信息时代，信息量巨大，绝大多数信息在传递给人们之前都必须经过信息工作机构的处理。图书馆就是收集、整理、储存和开发文献信息的信息工作机构。信息时代的到来对图书馆产生了深远的影响，社会对图书馆的作用是直接的、多方面的。

随着科学技术的发展，信息技术已逐渐渗透到社会的各个领域，带来了社会的结构性变化，使社会呈现出信息技术的特征。以网络和计算机为核心的现代信息技术进入图书馆信息领域后，不仅带来了信息交换技术的更新，也带来了图书馆的体制改革。信息技术在图书馆中深入应用带来了很多变化，如馆藏结构、组织结构、工作流程、管理与服务、质量评价等方面的变化。

（一）图书馆信息功能加强

在信息时代，图书馆首先面临的是自身的适应性问题。目前，图书馆界对信息社会图书馆的发展趋势有多种预测，主要有两种观点：一是当前图书馆不能适应信息时代的社会需求，没有能力满足更高层次的信息存储、处理和传输的要求，因此取而代之的是新的信息工作机构，图书馆将会消亡；二是图书馆不一定会消亡，但存在一场危机，当前的图书馆如果不进行重大改革，就会被前进的时代潮流抛弃。图书馆要继续生存，就必须加强信息功能。事实上，许多图书馆已经初步开展了一些信息服务活动，如文献检索、信息咨询、主题设置服务等，这些活动被列为图书馆业务项目。面对信息爆炸的今天，如何筛选和提供读者所需要的信息，及时准确地传递信息，有效开展信息服务，已经提上了图书馆的议事日程。在信息时代，图书馆的信息工作非常重要。电子计算机的广泛应用使图书馆的信息功能更加重要。图书馆的信息功能包括文献信息的收集、存储、处理、传递等。图书馆要善于预测读者的信息需求变化，把握图书馆信息收集和传播的方向。

（二）馆藏观念和功能的变化

随着信息技术的发展，图书馆的馆藏观念将发生巨大的变化。文献发表在未来将减少以纸为介质，取而代之的是电子形式的数据库。图书馆将改变纸质文献的馆藏方式，向建立数据库的方向发展。目前，全国已建立了800多个数据库。在未来的图书馆中，纸质文献只是信息来源的补充，开放给读者阅读。到那时，图书馆不仅是信息的收集者，也是信息产品的处理器和生产者，人类有价值的书籍将电子化、数字化。图书馆可以将零散的信息加工成实用的信息产品。图书馆将有更大的容量，提供更多的咨询服务。

（三）馆藏内容和馆藏形式发生显著变化

随着社会的进步和科学技术的发展，图书馆的馆藏内容和馆藏形式也将不断变化，以适应不断变化的时代的需要。

1.馆藏内容的变化

由于科学技术的快速发展和技术创新的加速，传统的学科边界正在消失，科学技术正在交叉和渗透。一个领域的发展可能会对其他学科领域产生重大影响。例如，物理和化学的进步导致了生物学的快速发展。分子生物学已经渗透到生物学的各个领域，出现了分子遗传学、分子细胞学、分子分类学等一批新的学科。新学科、新知识的出现导致记录这些知识的文献的出现，这为图书馆的馆藏增添了无穷无尽的新内容。

2.馆藏形式的变化

图书馆除了有很多印刷书籍和杂志，还有微缩平片、磁带、胶片等新型信息载体。Castor是伊利诺伊大学的图书馆和信息科学家，提出未来图书馆的馆藏资源将小型化和视听化，图书馆的经营管理将会被机器人取代，这就是"三无"图书馆。"三无"图书馆意味着没有管理，没有纸质文件，没有卡片目录。这一观点提出后，美国图书馆界对此意见不一。事实上，"三无"图书馆是不现实的。目前，视听材料和缩微印刷品只占美国国会图书馆收藏的一半，而另一半仍是印刷文件。至于机器人管理，它只能代替部分人类劳动，但不能代替人类的智能。

（四）图书馆工作流程的变化

利用现代信息技术对图书馆工作流程进行改造，一些工作流程会被调整、划分、合并，一些工作流程的功能会被削弱甚至取消，而一些新的工作流程的作用会不断加强。工作流程改造的关键是重视为用户服务，坚持以人为本的总原则，简化用户接受服务的过程，甚至为用户提供实现自主服务的机会。通过对图书馆工作流程的改造，将许多枯燥的工作整合到计算机系统中，从而使图书馆工作人员能够有更多的时间和精力做好本职工作，逐渐使图书馆工作的重心从文献流通转变为提供知识服务。

（五）图书馆服务方式的变化

过去图书馆重"藏"轻"用"，坐馆等"客"，图书馆的服务面狭窄，服务方式较为单一。新时代要求图书馆工作由"内向型"朝"外向型"转变，要求图书馆提供多种形式的服务，不断开拓新的服务方式；新时代要求图书馆增强时间观念，提高工作效率，深入了解社会需要，及时传递信息，提供智力服务，达到变知识、信息为生产力的目的。

在信息需求日益增长的今天，技术的变革和时代的变革深刻地影响着用户。在信息技术与图书馆的融合中，图书馆必须坚持以用户为中心的原则。图书馆建设以用户需求为导向，将传统图书馆文献服务、参考咨询服务、用户培训服务进行整合，创新服务内容和形式，为用户提供一站式综合服务；在与用户沟通互动的前提下，重新设计 IC 业务流程，使用户获得方便舒适的体验，邀请用户参与服务质量评价。

新技术在图书馆工作中的应用为提高服务水平和效率提供了技术可能性。计算机技术、复制技术、缩微胶片技术、光盘技术和通信技术的应用大大加快了文献信息传输的速度，也大大提高了文献信息采集的准确性和可靠性。在服务内容上，图书馆不仅提供借阅和参考服务，还提供文献信息研究服务、信息跟踪服务、计算机检索服务等，从而满足读者的多样化需求。随着新技术在服务工作中的应用，一些读者甚至可以通过图书馆的计算机文献信息网络终端在家中获取所需要的信息。电子计算机在图书馆中的应用增加了图书馆的服务功能，把图书馆的服务推向了一个新的阶段。

（六）图书馆工作人员知识结构的变化

计算机的使用和信息技术的发展对图书馆从业人员知识结构的变化产生了深刻的影响。图书馆在新形势下需要不同层次、不同类型的工作人员，图书馆工作人员要了解不同的学科，掌握新知识、新技术，及时调整自己的知识结构，适应形势的变化。

图书馆工作人员要能够有效地对文献信息资源进行开发和利用，使文献资源成为国家和社会的一种重要资源财富。因此，图书馆工作人员应具备信息科学的知识和技能，要学习和掌握现代知识、计算机和网络技术，能够进行快速的信息检索和查询；要能够从丰富的信息资源中开发出有序的信息产品，为读者提供增值服务。此外，图书馆工作人员还应具备学科知识评价的能力，能够有效地管理大量无序信息，从中识别出有价值的信息，并具备扎实的外语、心理学和公共关系知识。同时，图书馆工作人员要有事业心和责任心，要有紧迫感、进取心，用新的知识不断"充电"，充实自己，以满足时代的要求。

（七）图书馆管理的变化

为了适应信息时代的新要求，图书馆的管理也要与时俱进。由于信息技术的广泛应用，图书馆管理的对象、范围、目的、方法、手段等都发生了变化。

由于文献信息的爆炸性增长，任何图书馆都不可能收集到所有的文献资料。因此，图书馆应统一规划、布局、分工、协作，建立社会图书馆网络。社会图书馆网络不同于过去的图书馆网络。资源共享、分布式数据库、计算机终端和通信网络是社会图书馆网络的重要组成部分。新技术的应用为实现网络化目标提供了技术条件和物质基础。在图书馆之间的联系方面，原有的上、下的纵向联系将被削弱，横向网络联系将得到加强。新时期图书馆网络化的重要标志是计算机网络化和计算机在线检索的实现。

计算机在图书馆管理中的应用可以代替某种形式的对数字逻辑的思考，减少人们的部分劳动。计算机可以用于人事管理、安全管理、各种统计以及文件信息业务管理，并有助于提高图书馆现有工作程序的效率。

为了适应图书馆管理的新变化，必须善于将知识、信息和管理目标相结合。新的图书馆管理要求调整人员结构，提高工作效率，注重技术变革，有计划、有组织地合理利用人力、物力和技术力量，达到图书馆的预期目标。

（八）文献检索方式的变化

文献检索是将文献以一定的方式储存起来，根据需要找到主题文献的过程。它产生于印刷文献占主导地位的时代。从众多的文献中检索与用户需求相关的文献，节省了用户获取信息的时间和精力。然而，这种检索的本质是相关性，即文献检索结果只能是与用户需求相关的文献，供用户参考，不能直接回答用户的问题，而用户真正需要的是获取有用的信息，因此将文献检索转变为信息检索，使检索的相关性转变为直接性，使检索结果贴近用户的需求一直是检索研究者追求的目标。现代信息技术的发展使这一目标的实现成为可能。随着电子文献的增多，信息检索的范围将越来越大。可以预见，随着信息技术的不断进步，文献检索的方式必然会从相关性走向直接性，从文献检索走向信息检索。

（九）图书馆建筑和设备的变化

计算机查阅文献、图书馆服务功能和内部工作模式的改变，使传统的馆藏观念、藏书、目录厅、借阅处、阅览室等都发生了相应的变化。图书馆的建筑和设备也将出现新的变化。如果图书馆不再像以前那么大，图书馆网络的分布、数据收集和复印的新形式、读者的个人观看终端将减少图书馆的空间。随着时代的发展，图书馆的建设也要适应时代的潮流，从内部结构到外部风格都会有新的变化。此外，新技术的应用为图书馆提供了各种先进的设备。

三、信息社会图书馆的特点

（一）馆藏多媒体化

图书馆的馆藏不仅有印刷品、缩微品，还有光盘、磁盘、磁带以及传播计算机网络信息的电子信息媒体，其中也包括多媒体技术处理的信息。信息多媒体化是社会发展的趋势，电子化信息媒体在未来社会取代印刷品型信息媒体的统治地位将成为必然。这是因为电子型文献有以下特点：一是容量大，一张光盘能够存储3亿多汉字的信息；二是检索方便，入口多，速度快，且不受时空限制；三是价格低；四是寿命长，经过光盘存储的资料的寿命可达30～500年。

（二）信息资源共享网络

在信息社会里，图书馆要面对读者，提供全方位的信息服务。单个图书馆难以满足读者的所有需求，因此全社会的各类图书馆应共同合作。各馆之间应建立起相互依赖、相互补充的新型关系。电子计算机网络使馆藏文献资源共享得以实现。ChinaNet是中国电信经营管理的基于Internet网络技术的中国公用Internet网，是中国的Internet骨干网。ChinaNet为我国图书馆计算机网络化创造了条件。通过ChinaNet的灵活接入方式和遍布全国各城市的接入点，可以方便地接入国际Internet，享用Internet上的丰富资源和各种服务。

（三）管理手段计算机化

从机读目录的出现到今天的国际交互式网络的信息资源共享，电子计算机起着决定性作用。计算机化是图书馆实现信息化、馆藏多媒体化、信息资源网络化的基础，也是图书馆分类编目、流通、检索业务管理现代化的基础，所以现代图书馆离不开计算机化。

（四）服务手段现代化

传统图书馆的借阅服务、参考服务、文献检索等以手工操作方式为主，缺少利用现代技术开展高层次的文献信息服务的能力，很难满足人们的高水平、多样化的服务需求，降低了读者利用图书馆的兴趣和信心。在信息社会中，图书馆的服务手段由手工式向计算机化、网络化方向发展，读者工作由抽象、枯燥的静态解说转向了动态的声像服务，读者能闻其声，见其形，这样能够提高读者的阅读兴趣；图书馆可以利用网络设备及网络检索工具为读者提供不同层次的信息服务，利用互联网，可以进行全省、全国、全球范围内的书目检索、情报检索，使读者能真正共享网上信息资源。

传统高校图书馆的服务对象主要是高校的师生，为其教学和科研提供文献信息资源。在信息社会中，信息渠道畅通，使信息资源共享成为可能，高校图书馆利用互联网，在信息资源支持下，可以将服务扩展到人们工作、生活等许多方面，服务对象不再是学校师生，而是向外扩展，只要人们有信息需求，图书馆就可以为其提供服务。

（五）服务内容越来越复杂

传统高校图书馆的服务主要是向读者提供纸质文献。随着科学技术的发展，社会中的信息量急剧增加，人们对信息的需求越来越多，要求也越来越高。许多人并不满足于图书馆的文献服务，而是希望得到广泛、快速、准确的信息服务。在信息社会中，高校图书馆将是一个开放的信息中心，纸质文献阅读与机器阅读并存。信息资源的开发将是读者服务工作的基础。根据读者的需求，图书馆为社会开发具有个性化特征的数据库。图书馆应充分挖掘网络信息资源，补充馆藏，拓展现有服务，提供高水平的参考咨询服务，并承担培养读者使用电子出版物的能力的任务。

（六）服务方式多样化

传统图书馆的服务模式是读者必须到图书馆接受各种服务。在信息社会中，图书馆利用服务平台可以解决读者的书籍和材料的各种问题，还可以向读者展示各种各样的光盘数据库，读者使用各种现代化设施进行自助服务的比例将逐渐增加，读者使用互联网终端甚至不需要去图书馆就可以享受互联网上的各种服务。

（七）图书馆员素质不断提升

随着现代信息技术的发展，新的图书馆形态会出现。图书馆员的素质要不断提升。学者对图书馆员素质的研究从未中断。王立军认为，图书馆员的素质包括政治思想素质、道德素质、职业技能素质、能力素质和心理素质五个方面；程焕文认为，图书馆员应该具有创造性、进步性、社会性和时代性的特征；吴伟慈从图书馆员教育的角度提出图书馆员应具备职业道德素质、专业知识素质、现代信息应用素质和信息检索技能素质。根据相关研究成果和时代背景，现代图书馆员的素质主要包括思想道德素质、文化科学素质、信息素质、心理素质和社会适应素质。在图书馆员的这些素质中，随着信息技术的发展，文化科学素质、信息素质、心理素质和社会适应素质不断提高。人们的思想道德素质，如爱与奉献，不会随着信息技术的发展而提高。因此，图书馆员应在具备思想道德素质的前提下，主动提高自己的文化科学素质、信息素质、心理素质和社会适应素质，以适应图书馆发展的需要。

四、图书馆在信息社会中的作用

信息技术是推动图书馆事业发展的引擎。图书馆所使用的现代信息技术主要包括计算机技术、高密度存储技术、通信技术、数字技术和多媒体技术。随着现代信息技术的不断发展，图书馆实现了从传统图书馆到图书馆自动化、数字图书馆（传统互联网时代）、后数字图书馆（移动互联网时代）的转型。

在未来信息社会中，主导产业是知识产业，信息和知识的生产对社会经济的发展起着决定性的作用。图书馆作为信息存储、处理和传递的重要场所，深入社会生活的各个领域，与各行各业密切相关，在信息社会中具有很大的作用。图书馆事业将得到越来越多的人的关注和关心，图书馆将成为信息公用事业的一部分。

在信息社会里，信息部门在整个产业结构中的比例大大提高，并占有绝对优势。约翰·奈斯比特的《大趋势——改变我们生活的十个新方向》以大量的数据为基础，分析当前美国社会出现的从"工业社会"转向"信息社会"时认为，律师、教师、工程师、计算机程序编制员、系统分析员、医生、建筑师、图书馆员、新闻记者、社会工作者、护士等几乎都是信息工作人员，图书馆在信息行业中的地位显而易见。

在信息社会，越来越多的文献信息需要图书馆处理和开发，图书馆要让原本散乱无序的文献信息发挥作用，让知识增长。人们对知识的需求增长。图书馆成为人们获取知识的主要场所之一，是人们接受终身教育的社会大学。从提高人们科学文化水平的角度出发，图书馆将与新闻出版业、图书发行部门、档案馆、信息研究所、博物馆等其他信息工作机构进行合作。随着科学技术的进步，图书馆将发挥更大的作用。

五、信息技术与图书馆发展

（一）信息技术

在科学技术快速发展的今天，一切都离不开信息。信息已成为国家和社会取之不尽、用之不竭的重要战略资源。信息技术是一种开发利用信息资源的高新技术，被认为是一种改变整个社会形态的新技术。信息技术的开发利用大大提高了人类存储、处理和传输信息的能力和效率，使在现代大规模生产模式下开发利用信息成为可能。它彻底改变了人们获取知识和科学技术的效率，创造了最先进、潜力无限的生产力，使社会从工业化社会转变为信息社会。

信息技术是在计算机和通信技术的支持下，对声音、图像、文字、数据等各种信息进行收集、存储、处理、传输和显示的一系列现代技术。广义的信息技术包括计算机和通信技术及其在各个领域的应用。狭义的信息技术仅限于信息工作中使用的现代方法和工具。信息技术也可以理解为扩展人类信息功能（人类处理信息的能力，包括提取和收集信息、处理信息、存储信息、传递和产生信息的能力）的技术。信息技术在分析、探索和掌握人的各种信息功能机制的基础上，利用信息科学和各种技术（包括电子技术、激光技术等）提供的原理和方法，综合出一种新的人工系统，扩展、增强、补充人体信息器官的功能。

当前，信息技术仍在迅猛发展，发展势头强劲。随着信息技术的发展及其应用领域的拓展，信息技术的内涵将更加丰富。

现代信息技术以计算机技术、通信技术和传感技术为主导，它们是信息技术中最基础、最核心的部分。此外，信息技术还包括信息存储技术、显示技术、影印技术、音视频技术、视听技术和人工智能。

计算机是储存和处理信息的机器。计算机技术主要包括信息存储、信息处理、信息分析、信息生成和自动控制。它是人类信息处理器官功能的延伸。自1946年发明以来，计算机已经经历了四代，第五代和第六代现在正在开发中。第五代计算机也被称为智能机器，可以像人一样学习、联想，具有逻辑推理功能。第六代计算机又称神经网络计算机，具有说、想、学的功能。目前，计算机向两个大的方向发展：一是采用兆高速超大规模集成电路，改进第四代，在上位机上选择多CPU并行结构技术；二是突破当前计算机设计的原则，发展第五代、第六代计算机。

通信技术是信息准确传播和交流的重要手段，包括信息检测、信息转换、信息处理、信息传输以及一些信息控制和调整技术。它是人类信息传递系统功能的延伸。通信技术的发展已有一百多年的历史，但发展最快的是近十年。目前，卫星通信、数据通信和移动通信已得到广泛应用。其总体发展趋势是向数字化、综合化方向发展。

传感器技术主要包括信息识别、信息检测、信息提取、信息转换以及一些信息处理技术。计算机输入输出技术是传感技术的重要组成部分。

早期的输入法，如穿孔纸带和穿孔读卡器，已经被磁盘驱动器、磁带驱动器和键盘取代。输出技术包括打印机、显示器、绘图仪、计算机缩微胶片输出机等。目前，主流的打印技术是针式打印机。传感技术是人类感觉器官的延伸。

信息存储技术是信息技术的重要组成部分，主要研究信息存储的载体和方法。它包括打印、影印、缩微胶片存储、磁存储、光存储、计算机存储等技术，是人们记忆功能的扩展和延伸。目前，磁存储器和光存储器被广泛应用。在过去的 10 年里，随着计算机技术的发展，磁存储技术得到了很大的发展，个人磁盘机的容量、计算机使用软盘的容量都很大。光盘存储器具有存储密度高、访问速度快、使用寿命长等优点，是未来存储技术的发展趋势。

视听技术主要包括录音技术、录像技术、电视技术和电影技术。视听技术主要是声像信息的仿真、存储、传输、显示和处理技术。目前，主导的模拟记录技术已经向数字方向发展。电视视频技术使人们能够更直接、更真实地获取外界的信息，并朝着小型化、高质量、数字化的方向发展。

人工智能主要研究用机器模拟人的某些智力活动，如图形识别、学习过程、探索过程、推理过程、环境适应等有关理论和技术。它通过模拟人类的宏观和外显思维过程来解决现实世界的问题。它有三大分支：知识工程、模式识别和机器人学。信息工作的智能化系统和专家系统的研制和开发都离不开人工智能的研究。

（二）现代信息技术促进图书馆发展

随着现代信息技术的发展，图书馆的管理模式和服务模式发生了根本性的变化，从传统的被动服务模式发展为主动服务模式，从人工操作发展为自动化管理。信息技术与图书馆的融合是图书馆现代化进程中的一个热点问题，是图书馆数字化的核心。在影响人类社会发展的众多高新技术中，信息技术处于领先地位，代表着世界上最新的生产力。

信息技术与图书馆资源整合的结果是创建一个基于现代信息技术的

综合管理服务模式。图书馆员作为文献信息资源开发利用的组织者和实施者，由于图书馆管理和服务理念、运营模式及服务流程的变化，将发生新的角色转变。

从技术角度看，图书馆信息化和数字化主要关注两个问题：一是图书馆领域物质形态信息设备和技术的研究与开发；二是这些技术、设备的使用和管理的操作程序和使用方法。图书馆可以将计算机作为辅助管理和服务的工具，或开发软件平台和学科数据库。

在实践中，信息技术与图书馆的整合主要以技术为中心，重点在设备采购、技术引进、开发库、开发应用软件等方面，还包括信息技术培训。数字图书馆建设是信息技术与图书馆融合的重要内容。分析我国图书馆数字化基本情况可知，我国在数字图书馆理论研究、文献信息资源数字化处理、数字图书馆标准规范、数字技术研究、数字图书馆信息化建设等方面取得了巨大成果。但是，我国图书馆信息资源数字化程度仍然较低，数字图书馆的发展还处于初级阶段。数字图书馆系统建设方案、解决方案和技术路线以及相关应用系统架构、系统可扩展性、平台软件、硬件系统、主要建设标准等都值得我们进一步探讨。

毫无疑问，无论是传统图书馆还是数字图书馆，以人为本始终是图书馆生存和发展的基础。信息技术与图书馆的融合也要突出人的主体地位。图书馆数字化工作的目标和任务也必须以用户为出发点和落脚点来设计。

图书馆工作是一项文化活动。从广义上讲，信息技术与图书馆的融合也应该是一种信息文化活动。一方面，社会道德、伦理和价值观影响着信息技术的发展；另一方面，信息技术的发展也影响着图书馆数字化的产生和发展。在信息技术与图书馆的融合中，只强调技术，而忽视文化观念，不利于图书馆的整体发展。信息技术与图书馆融合的理念必须提升到文化层面。站在文化的高度，信息技术与图书馆的融合将从单纯的信息技术应用转变为信息文化素养的整体积累。

目前，资源是信息技术和图书馆整合的瓶颈。虽然图书馆资源非常丰富，但从文献信息利用的角度来看，从规则利用的角度设计的软件很少。虽然目前已经开发了一些与图书馆数字化相关的产品，但各图书馆存在差异，满足图书馆自身需求的个性化数字产品仍然太少。此外，虽然很多公司投资图书馆软件开发，但其主要目的是赢利，这无疑会给信息技术与图书馆资源的整合带来困难和负担。在信息资源和信息发现工具日益增多的今天，图书馆独特的品牌仍然是它的文化。图书馆在电子资源和开发基于网络服务方面投入越来越多，但还不能将这种投入转化为品牌，使其能够扩展或更新，使其与图书馆当前的工作更相关。原因在于这种信息技术与图书馆的融合缺乏文化支持。从文化角度来看，信息技术与图书馆的融合是现代图书馆意识与现代管理、服务理念的融合，这是最为关键的。首先，图书馆理念的整合应体现以人为本的理念，图书馆工作应以用户为中心。其次，信息技术的应用必然会影响到图书馆的管理模式和服务模式，图书馆要注重利用信息技术创新管理和服务。

在图书馆中引入信息技术，要注重图书馆使用者的文化和信息需求。信息技术与图书馆资源整合的最高目标是更有效地满足图书馆用户的信息和文化需求。从静态角度来看，图书馆活动的基本要素是用户、馆员、服务内容、设施材料等。从动态角度来看，服务目的、服务任务、服务方法、服务方式和服务组织模式是图书馆活动的构成要素。结合上述图书馆活动要素，我们可以简单地说，图书馆活动就是人（图书馆员与用户）与物（内容与材料）之间的交流，最终实现人的全面发展。

总之，信息技术作为影响和推动21世纪图书馆发展的主导技术，从本质上改变了图书馆的面貌、工作过程和服务模式：第一，电子出版物和全文数据库的出现和发展使图书馆的信息载体向微型化、电子化迈进，这对图书馆的规模和空间产生了很大的影响；第二，多媒体技术的出现和发展使多种信息融合、互动；第三，信息高速公路和互联网的出现和发展使信息传播高效、高速、网络化。

在信息技术与图书馆的融合中，数字信息资源建设是核心，有利于新型信息服务模式的顺利发展，是为图书馆用户提供信息资源的保障。

我们应该充分发挥数字图书馆和传统图书馆各自的优势，特别是要认识到数字图书馆在信息技术和信息资源整合中的重要作用，这是传统图书馆服务的延伸和拓展，也是为用户提供文献信息服务的重要途径。图书馆工作的重心已经从传统的纸质图书管理转向电子资源的管理，这种变化给图书馆的建设带来了新的挑战，有效地利用数字化的特点，利用各种专业数据库，利用网页或其他公共网络资源，为读者提供更全面的信息服务，成为我国图书馆建设的主要任务。

现阶段，我国的图书馆，特别是综合实力较强的大型图书馆，如中国国家图书馆、中国社会科学院文献信息中心、北京大学图书馆、清华大学图书馆等，都取得了丰富的数字化成果，如异构数据库检索系统、高校图书馆教学参考书系统、学位论文系统、虚拟参考咨询系统、重点学科网络资源导航服务系统等。

六、信息社会中我国图书馆应采取的对策

新技术革命的兴起加速了社会信息化。在信息社会，我国图书馆应采取相应的对策，以顺应时代发展的潮流。

（一）提高认识，面向未来

新技术革命的兴起加快了社会信息化的进程。我们必须建立一个新的发展水平作为参照标准，既要同过去比较，也要同未来比较，更要同世界先进水平比较，并根据中国的实际情况确定我们的对策。

图书馆要适应信息时代的要求，第一，必须了解信息时代及其功能和任务。加强宣传、推广和介绍，使图书馆员和各界认识到图书馆作为信息机构对社会、经济和技术发展的重要性。与此同时，图书馆自身也要进行改革，转变观念，拓展思路和拓宽视野，使图书馆事业的基点由着眼于未来转向着眼于过去和现在。第二，我们也应该认识到自己的缺点：信息系统是我国的薄弱环节，在数据库的性能方面，分散、不协调、利用率低，图书馆工作效率不高。对此，我们必须有一个清醒的认识，摆脱落后的传统观念的束缚，参照国际发展趋势，把图书馆的未来发展

作为现在的一部分。图书馆只有面向现代化，面向世界，面向未来，才能适应时代潮流，适应信息社会的需要。

（二）统筹安排，加强管理，协调发展，制定新战略，建立和发展统一的图书馆网络

目前，图书馆界仍存在体制划分、独立管理的现象，图书馆事业集中管理、统筹安排的问题没有得到解决。有些图书馆藏书少，在人员的使用、技术设备的引进等方面，只考虑单位或部门，缺乏整体观念，往往造成人力、物力资源的浪费。我们应该采取相应的措施，共享图书馆的信息资源，完善跨部门的权威机构的功能，逐步建立统一的图书馆网络，团结各方力量，形成完整的图书馆体系。从各图书馆的角度来看，加强图书馆之间的横向联系，进行合理的馆藏布局和业务合作，统一图书馆网络的建立、完善和发展，具有积极意义。这将促进图书馆之间的合作与协调，扩大国家文献信息传播网络的覆盖范围。

（三）在进一步改进人工操作和基础工作的同时，积极开发和引进新技术、新设备，建立具有中国特色的现代化体系结构

实现自动化是图书馆工作现状的客观要求，然而要实现自动化，先要做好人工操作和基础工作，在引进新设备、新技术时，要结合实际，为解决我国图书馆在文献收集、处理、传播等方面的问题，以创新的精神，开发自己的新设备，用信息化武装我国图书馆。

我国图书馆的现代化体系结构是以计算机为基础，以自动化技术为指导的，采用集中与分散相结合的网络结构，实现文献信息传播的网络化和文献利用的社会化。同时随着微型计算机的广泛应用，光盘技术的开发，将形成分布式、灵活的局部网络结构。

（四）做好业务准备工作，为实现图书馆现代化打下坚实的基础

图书馆的现代化不是空中楼阁，而是基于一系列的业务准备。图书馆的业务活动包括以下几方面。

第一，研究。包括理论研究、方法研究、决策研究。我国图书馆在信息时代的对策，无论是过去、现在还是未来，都应该从理论、方法、决策等方面进行充分的探讨。它既研究图书馆自身的产生和发展，又研究图书馆与社会的关系及其演变。除此之外，还研究当代科学发展的现状，了解国内外市场情况，结合我国政治、经济、文化、社会的需要，对图书馆现代化这一课题进行全面探讨，从而制定切实可行的对策和方案。

第二，标准化。没有标准化，就不可能实现自动化和现代化。没有标准化，就没有计算机应用，没有网络。长期以来，我国图书馆工作缺乏规范性，导致文献著述与其他工作不统一。因此，要大力推进标准化，加强标准化的宣传、推广和应用，积极为实现国际标准化创造条件。

第三，用户教育。为应对信息时代知识的挑战，应大力加强用户的智力开发。培养他们掌握计算机、网络等新技术，教他们如何使用图书馆，给用户一把打开文献信息宝库大门的钥匙，培养他们学习、开拓、创新的能力。例如，为大学生开设《文献检索课》，将《如何利用图书馆》纳入图书馆教育，使学生具有信息意识和利用文献的技能。目前，大学生是潜在的用户。工作后，他们可以利用图书馆来吸纳新知识，改善知识结构，这对提高研究能力，发挥创新能力具有不可估量的价值。

（五）加强对图书馆专业人员的培训，努力提高在职人员的专业水平

现代化的关键是发展科学技术。发展科学技术，必须有知识和人才。现代化首先需要人才的发展，适应信息时代的对策，人是主要因素，掌握现代技术人才是最宝贵的财富。因此，必须加强对图书馆专业人员的培训和教育，使图书馆工作人员实现信息化，这也是实现图书馆信息化的条件。新时代对图书馆工作人员知识结构的要求发生了变化，为了满足这一要求，应改变图书馆工作人员现有的知识结构，使在职人员学习新知识、掌握新技术，使自己的思维能力和工作能力逐步实现现代化，

跟上信息时代的步伐。

（六）树立图书馆整体意识

信息的高度化要求图书馆高度社会化和集成化，实现文献资源的共建共享。虽然我国一些图书馆已经建立了机读目录数据库，但这些数据库大多是各自建立的，格式不一致，目录不规范，有时甚至强调自己的"特色"。如果这些"特征"不规范，将难以实现数据库社会化。要想实现文献资源的共建共享，必须抛开不同的观点，树立图书馆整体意识，从全局出发，找出适合我国国情和各图书馆实际情况的统筹协调模式和可行的体系与方法。

（七）注重数据库建设

数据库建设是一项对设备和技术要求较高、投资较大的工作，通常需要长时间的持续投资。因此，数据库在做决策时应该有充分的理由来避免错误。数据库建设也必须有我们自己的特点，建设出一个具有中国特色的数据库。目前，在数据库建设实践中还存在着一些值得关注和需要解决的问题，如书目数据库的建设和管理体系、质量控制、网络建设与信息资源匹配、数据库知识产权保护等。但是，只要图书馆工作人员能够充分重视以上问题，这些问题并不难解决。

总之，图书馆事业是一种人类社会现象，是社会生活的一部分。随着信息时代社会的发展，图书馆也在不断改革与发展。信息时代将给图书馆带来深远的影响、活力和希望。在信息时代背景下，我们应抓住机遇，制定对策，以创新精神和科学态度，采取切实可行的措施进行信息转型。

第二节 现代图书馆的功能与类型

一、现代图书馆的组织结构与信息基础设施结构

图书馆的内部空间主要划分为四个区域:一是日常管理和活动区域;二是收藏印本信息资源并提供相关服务的区域;三是存储数字化信息资源并面向网络提供服务的区域;四是为人们利用网络信息资源(包括馆藏数字化信息资源)提供终端设施的区域。

未来图书馆信息人员所从事的工作将更多地与网络有关,与其说他们是图书馆信息人员,不如说是网络信息人员,他们主要包括网络管理人员、网络导航员、网络咨询人员、网络信息资源提供人员、网络信息资源采集人员、网络研究人员以及网络代理人。但是,从事印本信息资源管理工作的图书馆信息人员不会完全消失,他们所占的比例将大幅减少。

现代图书馆的出现主要有两个标志:一是图书馆合作的国际化。1946年成立的联合国教科文组织为图书馆的国际合作提供了组织保证。二是图书馆信息设施的智能化。1950年计算机技术开始应用于图书馆标志着图书馆革命的开始。在我国,图书馆现代化进程在20世纪70年代中期方才起步,70年代末的改革开放标志着我国进入了图书馆现代化建设时期。随着现代图书馆的不断发展,呈现出了许多新的特点。其主要包括以下几个方面。第一,图书馆服务对象已超过读者范围而发展为信息用户;第二,图书馆业务范围已超越单个图书馆而扩展到图书馆网络;

第三，图书馆业务活动已由手工操作发展为人机联合作业；第四，图书馆信息设施强有力地牵动图书馆的发展，成为现代图书馆时期最活跃的要素；第五，图书馆信息资源体系突破"藏书"框架而呈现出整合发展的态势；第六，图书馆信息人员已具备了适应现代化图书馆的知识结构和职业技能。

现代图书馆根据社会发展的需求，大力加强信息情报职能，图书馆活动已构成整个信息交流的基本组成部分，图书馆学所研究的问题已发展到了"图书馆＋社会＋信息交流＋现代化手段"的全新阶段。它摒弃了传统图书馆封闭保守、各自为政、仅以满足本学位读者利用馆藏文献需求的管理模式。其树立了以整个社会大环境为背景的分工协作、资源共享和信息提供的网络化图书馆群体的新形象。

图书馆组织结构是以图书馆的目标、职能和活动为基础，以图书馆的过程为基础，以图书馆信息人员为基础的一种组织结构。图书馆组织结构是实现图书馆目标、开展图书馆活动的组织保障。传统的组织结构通常是金字塔式的。图书馆的顶部是管理集团，由董事会、董事和副主任组成；中间层是管理小组组成；底部由行政组人员组成。图书馆越大，中间层越多，决策层到执行层的距离越大。

随着现代信息设施的广泛应用，图书馆的组织结构也开始向平面化方向发展，决策者和执行者之间的距离将进一步缩小。以管理结果为导向的一线人员成为管理活动的领导者，更多地参与决策过程；高层的经理或领导者成为管理结果的支持者、协调者和分发者。其主要任务是为基层信息人员扫清障碍、开发资源、开展研究和提供咨询，从而在整个结构中充分发挥各类信息人员的主动性和创造性，优化组织结构。

现代图书馆的信息基础设施结构是以流动结构和通信网络为核心，连接图书馆内各种现代信息设施而形成的一种网络结构。其又称电子图书馆结构。

传统的图书馆信息设施包括图书馆建筑、书架、目录柜、阅读桌椅以及打字机、油印机、装订机、踏板车等简单设备。随着现代科学技术的发展，计算机、缩微胶片阅读机、视听设备、影印设备、传真设备、网络设备等的广泛应用，使图书馆的信息基础设施发生了巨大变化。计算机技术、光学技术、音视频技术、网络通信技术等现代技术在图书馆中的应用，使图书馆工作自动化、文献信息资源存储微型化、阅读视听化、图书馆组织网络化。随着现代信息基础设施的应用，图书馆内部形成了局域网络，信息资源的共建共享程度大大提高，为多馆网络化奠定了基础。局域网建成后，图书馆与附属机构之间的信息交流与合作变得更加方便。通过国家网络和互联网，不同地理位置的图书馆合作已成为现实。

现代信息基础设施与技术相结合，构成了现代图书馆的信息基础设施结构。

二、现代图书馆的功能

图书馆是对科学文献信息资源进行系统搜集、有序存储与组织及科学管理，并对其资源进行开发利用，有知识信息传递功能的文献信息工作系统。随着科技的发展，社会的进步，人们对信息的依赖程度越来越高。在现代社会，以图书馆合作的国际化和信息设施的智能化为标志的现代图书馆在对社会服务的过程中，其功能显得尤为突出和重要。

现代图书馆是一个多功能的机构。从整体上讲，它具有两种功能：一是基本功能。即任何图书馆都具有这种功能，它贯穿于图书馆的整个发展过程。二是社会功能。它是社会赋予图书馆的使命和责任。

（一）基本功能

现代图书馆的基本功能主要包括四个方面。一是信息资源体系的建立；二是信息资源体系的维护；三是信息资源体系的发展；四是信息资源体系的开发。

任何图书馆必须具备这四个方面的功能才能独立存在，才能使图书馆事业健康发展。对于所有的图书馆而言，它们都具备这些功能，其差别在于信息资源体系的规模大小、质量高低、支持技术的先进与落后、开发的深度与广度以及图书馆诸要素的组合方式等方面。

现代图书馆的社会功能与基本功能既有区别又有联系。图书馆的社会功能源于图书馆的基本功能，它是以图书馆的基本技能为基础，是图书馆基本功能的延伸。它是图书馆与外界环境相互作用的产物，是图书馆基本功能的社会表现形式。图书馆的基本功能是固定的，不受时间的影响，而图书馆的社会功能则是受社会的影响，是社会的委托和要求。因此，它是随着社会的发展而不断变化和扩大的。在古代，图书馆的社会功能主要是保护人类的文化遗产。现在大机械工业的兴起要求全民文化水平的相应提高和教育的普及。因此，社会要求图书馆担负起社会教育的职能。人们发现图书馆作为一个程序和信息资源库有着巨大的潜力，并对其提出了越来越高的要求。随着新技术革命的兴起，信息社会的到来，图书馆应担负起发展智能化的重要任务。总之，现代图书馆的一些新的社会功能在不断涌现。

（二）社会功能

关于图书馆的社会功能，国际图联（IFLA）于 1975 年在法国里昂举行的关于图书馆职能的科学讨论会上达成了以下共识：①保存人类文化遗产；②开展社会教育；③传递科学情报；④开发智力资源。这一结论阐释了现代图书馆的基本特征和存在价值，基本上反映了现代图书馆的实际情况和现代社会对图书馆的实际要求。

1.保存人类文化遗产的功能

图书馆自诞生之日起，就肩负着保护文化遗产的社会责任。几千年来，人类在与自然和社会的斗争中积累了丰富的经验和知识。只有把这些经验和知识记录在一定的物质载体上，它们才能被保存下来。保护人类文化遗产的需要催生了图书馆。图书馆按照一定的原则和范围，收集社会上散乱无序的各种文献信息资源。经过长期的积累、加工和整理，形成了系统的、完整的文献信息资源体系，成为社会文献收集和存储的中心。在社会上，只有图书馆拥有保存最广泛、最完整的记录人类活动和知识的文化书籍。因为图书馆保存着文化遗产，人类历史上的每一代人都可以利用前人的成果，在前人的基础上再接再厉，获得新的经验和知识，并将它们添加到人类知识的宝库中。

图书馆是保存人类精神财富的宝库，在整个社会体系中占有其他任何文化机构都无法替代的重要地位。因此，保护人类文化遗产是图书馆独特的社会功能。这种功能的历史作用是保存人类丰富的精神财富，促进文化的继承、发展和创新，促进人类文明的进步。

2.开展社会教育的功能

开展社会教育是历史赋予图书馆的神圣使命。图书馆的教育功能是学校或其他社会教育机构所不能替代的。特别是在现代社会，科学技术日新月异，知识老化、淘汰的速度在加快。如果人们不更新自己的知识，不接受终身教育，就很难适应社会的发展。

图书馆馆藏各类文献信息资源，内容十分丰富，能够满足不同专业、不同学历读者的需求。随着信息社会的到来，要想让人们适应信息社会的要求，就必须通过普及教育和终身教育来提高人们的科学文化水平，使他们有知识。只有图书馆才能提供如此广泛的社会教育。图书馆的社会教育功能不仅为社会和读者提供文献信息资源，还使读者了解获取文献信息资源的过程和方法，掌握终身学习所需的技能。随着现代科技的发展，读者可以通过计算机网络进行远程信息检索。在这种情况下，图书馆的教育功能显得尤为重要。如何使读者在网络环境中获取信息，培养自主学习和创新的能力，使读者了解图书馆的信息资源，获取和利用这些资源，已成为现代图书馆的重要任务。此外，图书馆还承担着思想教育、专业教育和读者综合教育的职能。

（1）思想教育职能。它的思想教育职能不同于一般的政治课，也不同于传统的对话方式的思想政治工作。图书馆以它丰富的、有益的文献资料，通过多渠道、全方位的形式，如宣传、阅读辅导、推荐好的书刊、组织各种报告会、书评介绍会等，使读者在潜移默化中吸收营养，陶冶情操，激发其神圣的使命感。

（2）专业教育职能。一方面，图书馆可以为学有所专、学有所长的读者提供与之专业相对应的文献资料；另一方面，可以针对每种专业书的特点，以及读者所需专业资料的内容作出评价，逐渐积累形成各专业的完整参考书目，成为读者查阅的第一手资料。

（3）综合教育职能。为使读者专博兼备、文理兼容，图书馆将提供多种学科的书籍，让读者自由选择，开阔眼界，也可以开展各种讲座或针对读者兴趣特点进行阅读指导，以提高读者的综合素质。

3.传递科学情报的功能

传播科学信息是现代图书馆的一项重要职能。图书馆所收集的文献信息资源是科学信息的重要来源。图书馆具备传播科学信息的物质条件。随着现代科学技术的飞速发展，计算机技术、信息技术、网络技术及其设备在现代图书馆中的广泛应用，实现了信息的自动存储和检索，为图书馆信息的传递和交换创造了良好的条件，大大提高了信息的传播速度和效率。随着现代科学技术的飞速发展，各类文献的信息量急剧增加。知识信息的浪潮赋予了图书馆传播科学信息的重要功能。图书馆作为文献信息的中心和枢纽，是科学信息交流系统的重要组成部分。

人类文学蕴含着丰富的知识和信息，具有潜在的科学能力，通过传播和利用，可以打破时间、空间和地域的界限，使人类经验的积累、知识的创造、研究成果得以广泛传播和交换，为科研人员开展创造性工作提供了前提条件；通过传播、流通、开发与利用，可以转化为科技成果，促进科学技术的发展；它可以转化为直接生产力，促进经济建设。在信息社会中，社会的需求和信息技术的应用将利用图书馆来传递和交换科学信息。

4.开发智力资源的功能

随着信息化时代的到来，人们越来越意识到信息交流的重要性。在这样的环境下，图书馆的智力资源开发功能显得越来越重要。

在图书馆收集的各类文献信息资源中，丰富的知识和信息是智力资源。作为一种资源，只有通过发展才能为人类服务，为社会服务。图书馆作为这类智力资源的存储机构，有责任和义务充分揭示和开发各类载体的知识和信息，从而最大限度地满足读者需求。图书馆信息资源开发的目的是利用知识、信息和智力的潜在价值，只有利用才能真正体现它们的价值。

开发智力资源也包括开发用户能力资源。图书馆在开发智力资源的过程中，既要开发已积累的智力资源，也要开发潜在的人的智力资源。图书馆通过向用户提供知识和信息的各种知识产权产品，改变其信息结构，提高其知识、智力水平，逐步深化信息捕获能力、科学思维能力、识别能力、决策能力和科学研究能力，帮助他们构建更加适应社会进步、具有创新意识和创新能力的新型智力结构模式。同时，随着计算机、通信和网络技术、高密度存储技术和多媒体技术在图书馆中的应用，提高用户知识和信息的检索能力显得尤为重要。作为现代用户，如果不了解信息检索的相关知识，就不能积极有效地开展研究工作。因此，如何使用现代设备，帮助用户掌握在网络环境下检索、获取、使用、保存信息的能力，提高用户的现代信息意识和信息技能，特别是加强用户的现代实时动态信息以及信息获取方法的培训，已成为现代图书馆发展智力资源的一项重要内容。

另外，有图书馆学专家认为，图书馆除以上四种功能外，还具有满足社会对文化娱乐的需要、丰富和活跃人们文化生活的"文化娱乐功能"。

如今，随着社会形势的飞速发展，现代图书馆在类型、文献载体、服务方式、服务手段等方面发生了深刻变化。因此，图书馆学专家又对现代图书馆的社会功能作出了更为全面的概括和阐释。

三、现代图书馆的类型

（一）图书馆类型划分的常见方法

图书馆类型是指具有相同或相近持续的图书馆群体。它是选取一定标准对图书馆进行归类的结果。图书馆类型的划分是对自然形成的图书馆类型进行整序。按其自身的性质，进行同类归并，异类区别。划分图书馆类型有助于认识和掌握不同类型图书馆各自的特点和规律，有助于充分发挥各类型图书馆的作用，并为国家和地区图书馆资源配置、网络规划和资源共享提供理论依据。

由于采用的标准不同，图书馆类型的划分结果也各不相同。一般有以下几种划分标准。

（1）按图书馆所属部门的性质划分，有高校图书馆、中小学校图书馆、科学院图书馆、企业图书馆、政府机关图书馆、军事系统图书馆等。

（2）按读者对象划分，有青少年图书馆、儿童图书馆、农民图书馆、少数民族图书馆、盲人图书馆等。

（3）按信息资源体系的范围划分，有综合性图书馆、多科性科学技术图书馆、专科图书馆、通俗图书馆等。

（4）按现代化程度划分，有传统图书馆、数字图书馆等。

（5）按社会职能划分，可分为大、中、小型图书馆等。然而，对图书馆类型的划分很少单纯采用上述某一标准。不同的国家一般要结合本国情况综合几种标准对本国图书馆的类型进行划分。

为了避免因图书馆类型划分标准的不同而给图书馆统计和国际交流造成困难，在联合国教科文组织的支持下，国际标准化组织（ISO）和国际图联（IFLA）从1966年开始制定图书馆统计的国防标准，1974年颁布《国际图书馆统计标准》，将图书馆划分为国家图书馆、专门图书馆、公共图书馆等六大类型。然而由于该标准所采用的划分标准不具有代表性，所以并没有被国际社会普遍接受。

（二）我国图书馆类型的划分（传统分法）

我国主要以主管隶属关系，结合图书馆的性质、读者对象、藏书范围等标准进行划分的。其主要包括国家图书馆、公共图书馆、高校图书馆、科学与专业图书馆、学校图书馆、工会图书馆、军队图书馆等类型。其中，国家图书馆是全国图书馆事业的中心，高校图书馆、公共图书馆、科学与专业图书馆是我国图书馆事业的三大支柱。

1.国家图书馆

我国国家图书馆的前身是清末（1909年）筹建的京师图书馆，1912年正式对外开放，1928年与北海图书馆合并为"国立北平图书馆"，中华人民共和国成立后改为北京图书馆，1987年10月新落成的馆舍正式开馆，1999年2月改名为"国家图书馆"。其主要职能如下。

（1）依法接受国内出版物缴送，完整收藏本国各种载体的出版物及各国研究中国的出版物，履行国家总书库的职能。

（2）重点采选各国、各学科有价值的出版物，使国家图书馆拥有丰富的外文馆藏。

（3）为政府领导机关、重点科研项目、生产单位及一般读者提供定题或专题的文献研究和参考咨询服务及其他多种形式的服务。

（4）履行国家书目中心的职责，编辑出版国家书目、回溯性书目、联合目录、专题目录等。

（5）它是全国图书馆研究中心，开展图书馆学理论和实践研究，推动全国图书馆的联合、协作与发展。

（6）研究和采用图书馆现代化技术，推动全国图书馆在自动化领域的标准化、规范化、网络化。

（7）它是国际交流的重要参加者和组织者，代表国家图书馆组织和参加国际图书馆界的交流活动。

2.公共图书馆

我国的公共图书馆一般按行政区域设置，包括省（直辖市、自治区）图书馆，地（盟）、市图书馆，县（旗、区）图书馆，农村乡镇图书馆，城市街道图书馆和儿童图书馆。公共图书馆是面向社会和公众开放的综合性图书馆，担负着为大众服务和为科学研究服务的双重任务。它是科学、文化、教育事业的重要组成部分，是向社会公众提供文献信息，参考咨询服务的学术性机构。其主要特点有：①藏书具有综合性并拥有地方文献特藏，具有地域性的特点。②读者对象广泛，包括不同类型、不同层次、不同年龄、不同职业、不同民族等。③业务活动领域广泛，并且要求具有一定的专业深度。业务活动除书刊借阅、参考咨询外，还经常开展文化艺术展览、科普讲座、阅读辅导等活动。

3.高校图书馆

高校图书馆包括大学、学院和高等专科学校图书馆。高校图书馆是学校的文献信息中心，是为教学和科研服务的学术性机构，是学校信息化和社会信息化的重要基地。其主要任务如下。

（1）根据学校的性质和任务有选择地采集各种类型的文献信息资源，并进行科学的加工、整序和管理，为学校的教学、科研提供文献信息服务，包括书刊借阅、光盘检索服务、国内外联机检索服务、定题与报道服务、科技查新服务、决策支持服务等。

（2）开展用户教育，培养师生的情报意识和利用文献情报的技能。

（3）统筹、协调全校文献资源的收集、整理和服务。

（4）参加图书情报事业的网络化建设，开展各方面协作，实行文献信息资源的共建共享。

（5）进行现代化技术应用、研究，开展学术研究与交流活动。

4.科学与专业图书馆

《国际图书馆统计标准》将科学与专业图书馆界定为"由协会、政府部门、议会、研究机构（大学研究所除外）、学术性学会、专业性协会、博物馆、商业、公司、工业、企业、商会等或其他有组织的集团所支持的图书馆"。在我国，科学与专业图书馆是按专业和系统组织起来的，其范围包括中国科学院系统的科学图书馆、政府部门所属的研究院（所）专业图书馆、大型厂矿企业的技术图书馆以及其他专业性的图书馆。较重要的研究机构图书馆有中国科学院文献情报中心、中国社会科学院文献信息中心、中国农业科学院科技文献信息中心、中国医学科学院图书馆、全国地质图书馆等。科学与专业图书馆是为科学研究、生产技术开发和其他专业性工作服务的学术性机构。它是从事科学研究和专业工作不可缺少的条件，也是重要组成部分。其主要任务如下：①结合本部门、本单位科研方向和任务，搜集、整理、存贮、开发和提供国内外科技信息资源，为科研和生产服务；②开展情报调研、掌握研究课题的国内外发展水平和趋势以及有关的指标参数，不断向科研人员和领导部门提供部分分析报告和有科学价值的情报信息资料；③组织本系统科技情报交流，协调本系统图书情报刊物的编译出版，宣传报道国内外最新科学理论和技术；④加强图书情报工作协作的组织工作和业务辅导，做好本系统的文献情报资料调剂、工作经验交流和干部培训工作；⑤开展文献情报理论、方法、新技术以及标准化、自动化、网络化的应用研究；⑥参加国内外文献情报的学术交流活动。

5. 其他类型图书馆

（1）学校图书馆。主要包括中等专业学校、职业技校、职业高中和中小学图书馆。它是学校的重要组成部分，是学校教学和图书资料情报中心。其服务对象主要是本校教师和学生。

（2）工会图书馆。是工会组织举办的，以丰富职工学科知识，获取信息，丰富文化生活需要的群众性文化机构。其主要服务对象是工人、干部、退休工人及其家属、子女等。

（3）军队图书馆。包括军队系统各军种、兵种、机关等图书馆（室），主要为各级军事指挥人员、科研人员及战士提供信息、资料服务。

（4）贮存图书馆。专门保存各图书馆中未用文献或利用率较低的文献的图书馆。其又称保存图书馆、储备图书馆、寄存图书馆。贮存图书馆不是无用文献的仓库，而是专门收藏和提供罕用文献的服务机构。

（5）儿童图书馆。它是利用适合少年儿童阅读的书刊资料和其他信息载体，通过阅读指导，对广大少年儿童进行思想品德和科学文化知识教育的社会文化教育机构。它包括独立设置的儿童图书馆和在一些公共图书馆设立的儿童分馆或少儿阅览部及服务部，其主要服务对象是中小学学生和有阅读能力的学龄前儿童，此外也对儿童教育工作者服务。

（6）基层图书馆。它是公共图书馆的补充形式。它是农民和居民集体自办的群众性文化设施。其任务是为农民、居民服务，为生产服务，普及科学文化知识，丰富群众文化生活。

（7）版本图书馆。根据国家法律及有关规定，负责征集、收藏、管理、保存本国出版物样本的图书馆。它有义务为上级机关及有关单位提供图书出版情况和资料。

第三节　现代图书馆的主要业务部门

现代图书馆的业务部门主要是根据各图书馆的性质、任务、业务工作流程、读者对象等，从实际出发，以有利于科学管理和方便读者为原则而设置的。由于受规模、藏书、人员、设备等因素的影响，各图书馆业务部门的设置及名称不尽一致。下面介绍一些主要的业务部门。

一、采访部

采访部的主要任务是根据本馆的性质、任务、特点、读者对象以及原有馆藏基础，补充馆藏、建设具有本馆特色的科学的藏书体系。它主要是通过访问、采购、征集等方式有目的、有计划地征集本馆所需要的文献信息资料，并对收集到的文献信息资料进行验收、登录等。它是文献信息资源建设的第一道关口，是图书馆业务流程的起点。采访部的工作质量直接影响着图书馆文献信息资源建设的质量以及读者满意度。

二、编目部

编目部是对文献信息进行加工、整理的重要部门。其主要任务是利用分类法对进馆的文献信息进行分类，按标准著录规则进行编目，并编制本馆各种目录，建立馆藏目录体系。同时，负责编新书通报、新书目录、专题目录以及对外进行馆藏编目数据交换、编制联合目录等。

三、典藏部

典藏部的主要任务是进行馆藏文献信息资料的调拨、分配，藏书的清点、剔旧以及馆藏资源的安全保管和防护。它是图书馆不可缺少的一项工作。一般大型图书馆都设置专门的工作部门，而中小型图书馆则由流通部门承担典藏任务。

四、流通部

流通部的主要任务是开展文献外借工作，包括普通借还、预约登记、馆际互借、催还、借书证办理、文献流通统计分析等。同时，负责指导读者检索、选择和利用文献、书库的组织与管理、藏书的清点及剔除以及对过期、损坏和丢失文献的读者照章进行处理。

五、阅览部

阅览部的主要任务是负责图书、报纸、期刊、图片文献资料的内阅管理以及读者阅读辅导工作。阅览部由多个阅览室组成，如图书阅览室、社科阅览室、科技阅览室等。有些馆不单独设立阅览部，而是将此部与流通部合在一起，称"流通阅览部"。

六、期刊部

期刊部的主要任务是负责期刊、报纸的采集、分类、编目、流通和阅览的管理工作。有些图书馆还开展报刊资料剪辑、复印、宣传以及编制有关专题报刊资料索引等工作。有些馆不设此部，而是将有关工作划归相关部门。例如，期刊的采集归采访部，编目归编目部，外借内阅归流通阅览部或参考咨询部。

七、参考咨询部

参考咨询部是服务读者的一个重要部门。传统参考部门的主要任务是开展书目参考、回答读者询问和各种专题服务、对读者进行教育和培训，通过检索工具和参考书为读者提供文献或文献线索。随着现代信息技术在图书馆中的广泛应用，参考咨询工作以文献为依据，通过个别解答的方式有针对性地向读者提供具体的文献、文献知识和文献检索方式，充分利用计算机、多媒体技术、各类操作系统检索、过滤、排序、下载各类信息，根据不同读者的需求，对各类信息进行综合研究和分析，形成读者需要的 2～3 篇文献，如索引、专题资料、综述、调研报告等，并积极开展题名设置和跟踪服务。参考咨询部在现代图书馆中发挥着重要作用。

第四节　图书馆的现代化发展与趋势

从图书馆发展史来看，一般认为图书馆经历了三个发展时期，即古代私人藏书楼和官方藏书楼时期、近代传统图书馆时期和现代图书馆时期。传统图书馆主要指 20 世纪 50 年代以前的图书馆，它是搜集、整理、保管和利用书刊资料为读者服务的文化教育机构，它的职能如下：①保存文化典籍；②提供借阅服务。它的特征是藏书以纸质印刷型图书资料为主，通过卡片目录和检索刊物来反映馆藏信息，通过读者到馆借阅和送书上门传递信息，图书整理和流通阅览以手工操作为主。

现代图书馆始于 20 世纪 80 年代，它是以现代科技手段为依托，为满足社会信息需求，科学地搜集、整理、加工、存贮、浓缩、传播和开发研究利用各种载体文献信息的科学、文化、教育机构，是社会信息交流系统的组成部分。它的基本职能如下：①保存人类文化遗产；②开展社会教育；③传递科学情报；④开发智力资源。其主要特征是用计算机、打印机及网络管理图书馆里的所有工作，图书馆的服务方式、信息载体将发生重要变化，完全缩小用户与信息之间的时间距离和空间距离。

图书馆是人类文明发展到一定阶段的产物，并随着人类文明的发展而发展。图书馆保存和积累了人类从古至今极其丰富的文献典籍。它已成为人类知识的宝库和智力资源中心，成为读者的良师益友和终身学习的场所。它以文献交流和传递科学情报的功能深刻地影响着人们的经济生活、文化生活和科学研究活动，对促进人类精神文明和物质文明建设起着巨大的作用。高校图书馆是图书馆的一个主要分支。随着大学的兴起创办，高校图书馆建设应运而生。高校图书馆是为教学和科研服务的学术性机构，承担着教育和情报的职能。它汇集了多学科、多语种、多载体的古今中外文献，这些文献记录了灿烂的古代文化和当代世界文明。

一、互联网给图书馆带来的跨时空互联飞跃——数字图书馆

与计算机技术在图书馆中的应用相比较，高密度存储技术、通信技术、数字技术、多媒体技术的发展和技术群的融合，给图书馆带来了新的升级，其中以互联网为代表的传播革命最为明显，图书馆自应用互联网技术以来，图书馆事业发生了巨大的变化：①从图书馆资源建设的角度来看，随着高密度存储技术、多媒体技术和数字技术的发展，图书馆和期刊出版单位开始根据自身的信息资源优势，利用数字技术建立电子数据库。20世纪末至21世纪初，融合技术的发展，电子邮件、BBS、超文本链接、远程浏览和下载等技术，在图书馆数字化信息资源建设的基础上，开始了网络文献管理系统的开发，直接推动了文献信息工作，间接推动了数字图书馆平台建设。②从图书馆服务的角度来看，以互联网为代表的通信技术的发展，缩短了信息交换的时空距离，即图书馆与图书馆、图书馆与用户之间的时空距离。这直接促进了以在线编目为标志的馆际合作的发展，促进了图书馆资源之间的共享，促进了图书馆信息服务模式和服务受众的转变。③从图书馆的形式的角度来看，自1994年美国成立"数字图书馆先导研究计划"以来，图书馆在构建数字图书馆电子阅览室和WEB网站的基础上，对图书馆建设和图书馆员的建设素质提出了新的要求。移动互联网和多媒体技术的快速发展，数字图书馆的移动服务能力

建设也在加快。

二、现代图书馆区别于传统图书馆的两个基本特征

（一）社会化协作

社会化是指打破原有图书馆的界限，突破单一图书馆的局限，形成图书馆的社会化。简而言之，就是建立图书馆的共建共享制度。这是因为在今天的信息社会，大量的文献信息资源，完成馆藏资源的能力，满足读者日益增长的需求，只有通过网络图书馆信息资源的共建共享，才能解决信息源问题。

（二）信息化服务

现代图书馆更加注重信息的传递、沟通和利用，通过各种服务方式和手段为社会和读者提供比情报服务更广泛的信息服务。图书馆将传统图书馆转变为基于网络的信息服务中心。它的主要任务将不是拥有信息资源，而是动态地开发和链接各种资源和服务，帮助用户搜索、分析和使用信息。其体现在现代计算机技术、通信技术、光学技术等高新技术手段被广泛应用于图书馆的各种业务中，为读者服务工作奠定了良好的技术和物质基础，图书馆的馆藏文献服务从手工方式向信息化社会的读者服务转变成为现实。

现代图书馆不仅在结构、功能、目的、内容等方面不同于古代图书馆，还比资本主义兴起时的现代图书馆有更大的发展。可以说，从重视馆藏到为读者服务的转变，从以图书馆为中心到以读者为中心、以社会为中心的转变，把图书馆的发展、生存和社会紧密地联系在一起。因此，现代图书馆管理呈现出如下特点。

（1）强调系统化。运用系统思想和系统分析方法来指导管理的实践活动，解决和处理管理的实际问题。它要求图书馆各部分相互联系、相互制约，从而构成一个有机的整体，从整体角度来认识问题，服从大局，从整体利益和长远目标出发，防止片面性和受局部的影响。

（2）重视人的因素。由于管理的主要内容是人的管理，人是管理中最重要的因素，因此要注意人的社会性，认识个体之间的差异，对人的需要予以研究和探索，研究人的行为规律，改革人事、劳动、分配等各项管理制度，进一步加强政治思想工作，注重培养人、尊重人、关心人，尽最大可能满足人们的合理需要与成就感，以保证图书馆全体工作人员齐心协力地为完成组织目标而共同努力。

（3）运用先进的管理理论与技术方法。随着社会经济的迅速发展和科学技术的全面进步，先进的科学技术和方法在管理中发挥着越来越重要的作用。计算机技术、通信技术和网络技术的迅猛发展及其在图书馆中的普遍应用，正在彻底改变着图书馆的工作面貌。随着图书馆工作方式的转变，图书馆管理也必须适应这种变化，否则先进的技术手段就不能发挥应有的作用。因此，各级管理人员必须注重运用现代科学技术手段，以促进管理水平的提高。

（4）增强信息意识。由于现代技术的广泛应用，图书馆与社会的互动越来越明显，因此对信息的采集、加工、整理、反馈等的要求越来越高，更强调信息的全面、及时与准确。因此，图书馆管理者必须建立与工作相适应的信息系统，捕捉有效信息，筛除无效信息，以便及时、有效、准确地传递信息和使用信息。根据社会环境条件的变化，适时地调整工作计划和工作目标，促进管理的现代化。

（5）注重效率和效果的统一。现代图书馆管理工作不仅仅是追求效率，更重要的是从图书馆的角度，来考虑组织的整体效果及其对社会的作用、贡献。现代化的管理，要求管理机构的设置和人员配备，都要把效率和效果有机地结合起来，从而使管理的目的体现在效率和效果之中，即通常所说的绩效管理。

（6）强调不断创新。创新不仅是图书馆事业不断超越自我的内在要求，还是保持与社会同步发展的外在趋势。管理意味着创新，就是在保证图书馆"惯性运行"的状态下，克服个人的惰性和图书馆在正常运作中伴随的因循与保守，不满足于现状，利用一切可能的机会进行变革。

与此同时，要不断创新，保持图书馆的生气与活力，从而更加适应外部环境的变化。这就要求图书馆保持足够的开放程度，有与日同行、与社会稳定而长远的交流计划与有效的渠道。创新包括制度创新、技术创新、观念创新等。

（7）强调管理的规范化。在图书馆管理过程中，要求能量化的指标尽可能量化，并依据计量、统计、报表等手段，不断分析、总结工作规律。在进行思想教育和职业道德教育的同时，通过工作条例、规章制度、岗位责任制等方法进行领导和管理，尽可能使管理者与被管理者都有章可循，避免工作中过多的诸如个性、情绪等可变因素、人为因素的干扰。必须从服务的观点出发，根据市场和社会需求及时调整图书馆工作的重点和计划。

（8）强调战略观点。根据图书馆自身的特点和内外环境的变化，从长远、全面、发展的角度对图书馆进行管理。在思想上，要使全体馆员的思想与图书馆的长远目标相一致，调动全体馆员的积极性。在政策上，图书馆工作的重点应放在最有利于图书馆发展、最符合社会要求的业务活动上。在组织上，图书馆内部机构应根据图书馆的总体发展目标随时进行变更，使图书馆的部门设置、业务管理和职能分工适应不断发展变化的形势。在计划方面，要将长期计划与短期安排相结合，权衡影响图书馆分布和存取的各种因素，不断修改，使之更加完善，从而保证计划的实现。

（9）强调市场观点。市场观点有以下几个方面：一是保持开放的态势，使图书馆的服务信息产品不局限于图书馆的"墙"，即走出小系统，面对大社会；二是图书馆要有市场经济的观念，学习企业管理的方法和手段，减少工作过程中的摩擦和能耗；三是明确社会对图书馆提供的服务或信息产品的需求；四是图书馆的服务成果必须接受市场的考验。

（10）强调变革观点。社会环境是不断变化的，这是由事物发展的客观规律所决定的。它不受任何个人或组织的意志支配，任何人或任何力量都不能阻止它。随着社会政治、经济、文化、技术条件、社会需求等因素的变化，图书馆必须与时俱进，及时调整机构、计划和业务活动，并进行相应的技术、设备、设施的改造或更新，以满足社会需求。

（11）强调竞争理念。竞争是保持图书馆活力的有效手段。在图书馆内部，不同的业务部门、业务岗位和工作环节都有竞争和持续发展的可能性，因为业务竞争、技能竞争和学术竞争能更好地激发工作人员的积极性和创造性。在外部，图书馆行业之间也存在着竞争。随着我国社会信息化的快速发展，越来越多的中介机构参与到社会信息化的竞争中。只有竞争才能使图书馆在不断完善的信息市场中抓住机遇。通过竞争，图书馆可以更好地认识自身的优势和劣势，产生危机意识，不断完善和丰富薄弱环节，为社会提供更好的服务和信息产品。

（12）强调服务观点。我们要从图书馆服务的对象出发，尽可能使读者感到方便和满足，最大限度地满足社会生产、科学研究和社会文化生活的需要。不仅要寻求服务手段、服务方法的进步，还要转变观念，真正满足读者需求，把用户、社会需求放在首位，主动深入社会、融入社会；如果图书馆不能满足广大读者的需求，不能提供一流的服务，就会失去最有力的支持，即放弃了自己的"生存土壤"。

（13）强调素质观点。在现代管理中，人的素质是非常重要的。这里所说的素质是广义素质，是指知识、能力、品格、品德等各种智力与非智力因素的总和。一切最终都要靠人来完成，因此人员素质与图书馆的发展有着直接的关系。图书馆要重视人的作用，为人才成长创造良好的环境和条件，建立一套合理的人才素质培养、选拔和使用机制。

三、图书馆从传统走向现代的发展趋势

（一）人性化趋势

中国古代图书馆管理思想的一个重要特征就是重视人的因素。自东汉建立秘书监督制度以来，对官职的选择就十分重视。宋代尤其如此，洪迈曾说过："国朝天下俊美图之选，但必试而后生，一旦此帖，则为名人。"图书馆的选择是严格的。所有的官员都是从科举考试中的高级

官员或在职人员中选拔出来的，考试是必须的。可见，古人早已注意到图书馆员素质的重要性。进入 20 世纪以来，中国图书馆的人文关怀趋势十分明显。许多图书馆十分重视图书馆的人文意蕴，从书本位到以人为本，并逐渐形成了图书馆的人文关怀。自改革开放以来，图书馆以人为本的思想越来越受到人们的重视，图书馆的理论与实践，体现了以人为本的思想，"读者第一"的服务宗旨，满足人们的需求，实现人的价值，追求人的发展，体现人文关怀，创造美与和谐，已成为图书馆人本思想的重要内容。现代技术已经改变并将从根本上改变图书馆几千年的模式，从而决定了技术对图书馆发展的作用是巨大的，技术的飞速发展给人们的心理和行为带来了巨大变化，图书馆的工作模式和工作方式发生了根本性的转变。从强调馆藏的系统性和完整性到强调图书流通和信息服务，图书馆从强调馆藏转向了馆藏与利用相结合。从书本位到以人为本的转变，拉近人与书的关系，减少工作人员的工作，激发读者的阅读欲望，就是人文关怀的真正体现。

在一个健康的社会下，人文关怀永远是第一位的。图书馆人文关怀作为图书馆发展的内在动力和精神核心，在图书馆进入现代化阶段仍将发挥重要作用。我们要以人文关怀引领图书馆员的思想和工作，使人文关怀在信息时代焕发出新的光彩，为图书馆事业增添新的生机和活力。

（二）开放化趋势

图书馆作为学校教育教学和科研的重要组成部分，其管理和职能来源于需求，服务于需求。高校图书馆的服务对象是教师和学生，用户的需求是图书馆的一切。首先，作为高校图书馆的主要用户，教师和学生应该是高校图书馆信息的提供者和内容决策者。公开和开放的信息提供可以使教师和学生更快速、更广泛地获得所需信息，如全开架阅读及其他的开放措施。图书馆的布局模式、管理模式、数字技术的发展导致图书馆的意识形态的变化，从"书"到"标准"的变化，"书"方便管理，主要用于收集书籍，与隐藏的"标准"的模式是阅读的一个模型，与现代商场中的超市非常相似，拉近了人与书的关系，减少了工作人员的工作量，激发了读者的阅读欲望。随着计算机网络技术的发展，这种开放式图书馆管理模式日趋完善和成熟。与公共图书馆相比，高校图书馆拥有较大比例的读者开放空间，使用主体是学生和教师，因此优势更加明显。

（三）数字智能化的趋势

以数字化为主导的计算机和网络通信技术的发展令人眼花缭乱。数字化正在引领人类历史上最广泛、最深刻的技术革命。互联网已经深入人们日常工作和生活的方方面面。随着数字化和网络浪潮的推进，传统的高校图书馆作为知识的殿堂，面临着全方位的技术创新，信息存储、处理、交互和传播的新载体——数字图书馆正在兴起。目前，部分高校图书馆已走在数字化建设的前列，建立了较为完善的信息基础设施，包括原有图书馆建筑的新建、改建和扩建，初步实现了自动化办公的数字化建设、计算机信息检索、计算机多媒体应用等。然而，在数字技术不断发展的过程中，高校图书馆的内涵也在不断拓展，计算机和网络技术的应用也在不断深化，这就决定了高校图书馆应具备发展过程和功能兼容的特点，最终完成高校图书馆的数字化转型，步入数字化时代。

四、未来图书馆的发展趋势

信息社会的来临，必然导致图书馆的变革。迄今为止，"图书馆的未来"仍是一个众说纷纭、扑朔迷离、充满诱惑、令人激动和不安的议题。许多预言家都对此做了种种预测，归纳诸位预言家的观点，根据徐引篪、霍国庆的《现代图书馆学理论》，在可预见的未来，图书馆将会发生以下变化。

（一）世界信息资源体系的形成

随着越来越多的图书馆进入因特网，它们必须以互惠互利为原则，求同存异，共建一体化信息资源体系，最大限度地发挥合作的优势。一般而言，世界信息资源体系是由入网图书馆的数字化信息资源（包括印本型信息资源的数字化书目信息）所构成的，可任由世界各地的用户自由存取。深入地分析，世界信息资源体系的形成意味着图书馆的质变，每一个图书馆都同时既是我又非我：当其是我时，它必须突出自己的特色；当其非我时，它只是世界信息资源体系的组成要素，它随时可以通过共享来增强自己的服务能力。世界信息资源体系并不排斥印本型信息资源，但这类资源只能是世界信息资源体系的补充与后盾。

（二）网络用户的踊跃式增长

随着光缆或电缆铺入更多的家庭，随着个人计算机价格性能比的进一步降低，网络用户必将成倍地增加。对于网络图书馆而言，"用户"的概念发生了根本性的变化，每一个有机会上网的世界公民都可能成为网络图书馆的用户。当然，每一个网络图书馆的主要任务依然是为其法定用户服务，面向网络的服务将主要由图书馆自动化集成系统或服务器来承担。

（三）存取功能的增强和拥有功能的集中

数字信息资源系统的建设和网络用户的增加必然要求图书馆增强访问功能，一是增强图书馆提供访问服务的功能；二是增强图书馆信息人员在 Internet 上获取访问服务的功能；三是加强用户访问能力的培训。网络图书馆将更多地依靠网络信息资源而不是自身信息资源来满足用户的信息需求，对于一些地方性的小型图书馆（如社区图书馆、高校图书馆、中科院图书馆、研究型图书馆等），因为网络可以完全覆盖信息资源系统，所以它们的所有权会萎缩甚至消失，因此它们会完全退化为网络节点；同时，所有权将集中在大型图书馆，承担着保存人类信息资源的神圣使命。

（四）建筑设施的智能化

在可预见的未来，图书馆将成为集印刷信息资源和数字信息资源于一体的"兼容图书馆"。为了这个目的，建筑设施不会消失，而是必须改变。未来图书馆建筑有三个主要特点：一是灵敏性，即通过安装在计算机上的管理系统可以自动调节光、热、通风、电等变量；二是智能化，即通过遍布建筑各处的传感器，可以不断向图书馆报告用户人数、特定区域内的用户人数、安全警报、安全区的人数、保护区的人数等；三是灵活性，即建筑内部的设计允许空间根据需求随时扩大或缩小，而整个建筑的电气和电子通信网络便于电力、电话、数据传输、电视、安全管理和数据采集功能。对图书馆内部空间的划分，主要有四个方面：一是日常管理和活动的区域；二是收集预印信息资源并提供相关服务的区域；三是存储数字信息资源和面向网络提供服务的区域；四是为人们利用网络信息资源（包括图书馆数字信息资源）提供终端设施。

（五）从图书馆信息人员到网络信息人员的转变

未来图书馆信息人员所从事的工作将更多地与网络有关，他们与其说是图书馆信息人员，不如说是网络信息人员，他们主要包括网络管理人员、网络导航员、网络咨询人员、网络信息资源提供人员、网络信息资源采集人员、网络研究人员以及网络代理人。但是，从事印本信息资源管理工作的图书馆信息人员不会完全消失，他们所占的比例只是大幅减少。

第二章　现代图书馆管理与创新

第一节　现代图书馆服务理念的构建与创新

服务理念对服务管理具有指导意义。在工业部门，产品的制造商、生产者和分销商很少有机会直接与消费者接触，只能通过最终的有形产品间接影响消费者的需求。而服务部门不是，服务交付系统和员工是服务提供过程中不可分割的一部分。服务提供系统包括员工能力、员工绩效、员工态度等因素，这些因素直接影响消费者需求与员工的表现。从这个角度来看，明确的服务理念对服务管理具有指导意义。

一、传统图书馆服务理念的演变

图书馆是一个服务性行业，就像购物中心、餐馆和银行一样。服务是一种产生价值的活动。与有形产品的区别决定了服务行业必须考虑如何提高服务质量，如何提供更好的服务，如何与用户保持积极、灵活的沟通。随着对这些问题研究的深入，一门新兴的营销学科——服务营销应运而生。服务营销理论对提高读者的日常服务质量具有重要作用。因此，引入一些适合图书馆读者服务和内部管理的最新、最先进的服务营销理念是十分必要的。

（一）图书馆服务的概念

"图书馆服务"的概念是在 20 世纪 90 年代确立的。在《中国大百科全书》中将"图书馆服务"定义为："图书馆利用馆藏和设施直接向读者提供文献和情报的一系列活动，有时也称图书馆读者工作。"[①] 现代图书馆不仅通过阅览、外借等方式向读者提供印刷型书刊资料，还提供缩微复制、参考咨询、编译报道、情报检索、情报服务以及宣传文献信息知识专题讲座、展览等服务。[②]

　　图书馆服务是读者工作或读者服务的发展，是超越传统的读者工作或用户服务范畴的一个概念。"图书馆服务"可以定义为"为满足读者和社会的需求，利用图书馆的文献信息及其他各种资源，实现图书馆使用价值的全部活动"。这一概念包括三个要素：一是对象，即读者与社会；二是内容，即图书馆资源的利用；三是目标，即实现图书馆的使用价值。图书馆服务外延是在内涵的基础上形成的，是不断发展变化的，可以从多个角度进行分析。

　　从服务对象看，图书馆服务包括读者服务、用户服务和社会服务。读者服务所确立的读者概念与阅读行为有关，读者服务离不开文献、阅读设备和阅读空间。用户服务突破了图书馆以借书证判别读者的限制，通过图书馆网站，用户能充分利用图书馆网上资源。社会服务就是拓展图书馆的社会教育功能，提高公民素质，以满足社会的需求。

　　从服务资源的角度来看，图书馆服务包括文献服务、信息服务和知识服务。文献服务利用图书馆的基本资源开展多种服务，如期刊服务、专利服务、学术论文服务等。信息服务比文献服务上了一个层次，主要体现在信息技术和信息资源的利用上，如 OPAC、数据库检索、信息咨询等。知识服务是更高水平的服务，是利用知识和智慧开展的服务，如学科馆员服务、查新服务等。

　　从服务手段来看，图书馆服务包括人工服务、计算机辅助服务、数字图书馆服务等。随着"我的图书馆"个人图书馆服务的出现，自我服务和自助服务成为一种趋势。技术的发展促进了服务形式和功能的扩展。随着时代的发展，新的服务也在不断涌现。

---

① 李海英. 图书馆服务管理 [M]. 北京：国家图书馆出版社，2011：53.
② 李松妹. 现代图书馆管理概论 [M]. 北京：北京图书馆出版社，2007：78.

从服务史的角度来看，图书馆服务包括传统图书馆服务和现代图书馆服务。传统的图书馆服务是以文献收集为基础，以借阅活动为中心的有限的读者服务。现代图书馆服务以图书馆资源为依托，以文献信息为核心，面向所有用户。如果说传统图书馆服务主要将图书馆建筑作为有形服务的坐标，那么现代图书馆服务则将图书馆物理空间和虚拟空间的知识资源作为复杂服务的坐标。

（二）图书馆服务理念的特点

图书馆服务理念的第一个特点是具有明显的选择性。在现实条件下，图书馆已成为图书馆服务产品的提供者，广大读者（用户）已成为图书馆服务产品的使用者和消费者，他们有选择图书馆服务的权利。图书馆服务的选择性意味着图书馆供应商之间的竞争。因此，在读者（用户）自由选择使用图书馆的竞争机制下，图书馆作为文献信息服务的提供者，必须努力提高服务质量和品位，为社会提供优质的服务，以满足读者（用户）的需求。

图书馆服务理念的另一个特点是层次化，读者（用户）有不同层次的"消费需求"，图书馆必须区别对待，提供层次化服务。

（三）图书馆服务理念的演变

近现代意义上的图书馆自 19 世纪 50 年代以来，经历了约 170 年的发展，随着时代和社会的发展而不断发展。图书馆学界已达成"服务是图书馆的宗旨"的共识，明确了图书馆在本质上是一个服务机构。认识并坚持这一点有助于图书馆正确定位，通过优质服务获得更高的社会地位。

所谓"图书馆服务理念"就是服务的自身定位问题，即服务对象和服务方式的问题。图书馆服务经历了从封闭到开放，从借阅服务到参考服务，从信息服务到知识服务，从无偿服务到有偿服务，从按时服务到及时服务，从在馆服务到馆外服务，从在线服务到全球化服务的发展过程，其服务内容从提供给读者馆藏文献变为帮助读者获取馆内外信息，服务方式由片面变为远程，并呈现出多种服务并存，其手段与方式不断更新与拓展的前景。图书馆服务手段和方式的变化必然导致图书馆服务理念的转变和创新。主要观点如下：文献信息服务是图书馆的基本产出，读者和用户是图书馆的直接顾客，不断满足读者和用户信息需求是图书馆的改革和发展的出发点和归宿。

图书馆的社会价值是通过服务体现的。近年来，"服务"的概念和范围发生了变化，主要表现为服务读者的方式从"以藏书为轴心"向"以读者为轴心"转化；读者服务的对象从"图书馆读者"向"社会读者"延伸；读者服务的范围从"图书馆服务"向"资源共享服务"扩展；读者服务的内容从"传统馆藏提供"向"电子信息资源存取"发展；读者服务的重点从"一般借阅咨询服务"向"电子信息咨询服务"转移；读者服务的手段从"传统的手工操作"向"文献技术的综合应用"发展；读者服务的功能从"简单的文件传输服务"向"多样化的信息服务"拓展；读者服务的观念从"免费服务"向"付费服务"转变。

（四）图书馆服务理念的基本内容

图书馆服务理念的基本内容可概括如下。

（1）图书馆服务的产出观。图书馆的产出就是提供文献信息资源的图书馆服务，读者利用图书馆资源就是消费图书馆的服务产品。

（2）图书馆服务的质量观。图书馆服务的质量观就是图书馆需求主体对图书馆服务的预期同其所感知的图书馆服务水平的对比，读者的满意度是衡量图书馆服务质量的主要指标。

（3）图书馆服务的市场观。图书馆服务的市场是指图书馆机构、情报和信息服务机构因提供文献、情报、信息服务而在图书馆服务供求主体之间形成的图书馆供给、需求及其相互关系的总和，其实质就是文献信息社会化的收藏、开发、利用贯穿于图书馆服务的全过程。

（4）读者和用户权益观。从保护图书馆服务读者和用户的权益出发，图书馆读者和用户享有四种权利：知情权、自主选择权、平等利用权、监督权。

（5）学术性的服务观。图书馆是一个学习型组织和学术探讨、学术研究、学术交流的场所，图书馆的服务性与学术性相辅相成，服务性是图书馆各项工作的核心，学术性是图书馆开展各项工作不可或缺的支撑和保障。

二、现代图书馆服务理念的构建

随着网络时代的到来，作为人类知识宝库的图书馆发生了深刻的变化，它不仅仅是保存和利用图书的场所，而是逐步发展成为人类的知识信息中心。网络技术的发展和应用使图书馆向数字化、网络化和虚拟化方向发展，从而使图书馆传统服务观念发生了变化。在网络环境下，图书馆的地位将大大提高，图书馆的服务必将成为图书馆建设最为重要的内容。

（一）一切用户的理念

一个人无论在世界的哪一个角落，只要点击了某一图书馆的网站，就成了该图书馆的用户。网络时代的图书馆用户不仅包括用借书证统计到馆的人数，还包括访问网上图书馆的人数。图书馆服务以用户为中心的理念就是把社会上的每一个人都作为图书馆的服务对象或潜在的服务对象，是为所有使用图书馆的人服务。"读者"概念的最大改变是由于网络的出现，网上图书馆的发展使图书馆用户不再局限于本地，而是遍布天涯海角。用户服务已经突破了传统"读者服务"的人数、时间与空间的限制。

（二）人性化服务理念

过去强调制度，现在强调人性化。制度是基础，人性化是方向，两者必须结合起来。图书馆的服务要以人为本，处处把人放在最重要的位置。人性化服务是以尊重人、理解人为前提的，应充分考虑人的需求，最大限度地给予人的自由空间服务。人性化服务不是口号，而是具体的行动，是细微之处见真情的服务。

（三）从"读者第一"到"用户第一"的理念

21世纪的图书馆要考虑"读者第一"，更要考虑"用户第一"。对整个图书馆服务来说，"读者至上"是最重要的，必须努力做到这一点，不仅要重视人们对图书馆的阅读需求，还要深刻认识到图书馆除了为本地区、本部门的用户服务，还要为本地区、本部门以外的所有人服务。有了"用户第一"的理念，就可以反思现行图书馆服务的许多做法，如凭借书证发放座位牌、不准带书到图书馆自习、将不看书的读者赶走等，这些做法只考虑了阅读保障，忽视了用户利用图书馆的权利。图书馆要改善服务，既要改善阅读条件，吸引读者到图书馆来阅读，又要改善其他条件，吸引用户到图书馆来享有图书馆的所有资源。

（四）创新服务理念

创新是一个永恒的主题，创新是一个国家、民族进步的灵魂。在全社会创新的环境下，图书馆服务当然也要创新，这就关系到图书馆服务应适应社会需要、与时俱进，关系到服务质量和水平的提升，甚至关系到图书馆的长远发展。创新图书馆服务理念，要求每一个图书馆馆员都具有创新意识和创新思维，大胆提出和实施图书馆服务的新思路和新方法；要求每一个图书馆都要有创新服务战略和对策，努力营造创新氛围，及时开展新的服务，在服务的过程中快速反应、随机应变。

三、现代图书馆服务理念的创新

随着信息技术的飞速发展，现代服务手段极大地提高了图书馆的服务效率，丰富了图书馆的服务内容，给读者和用户带来了很多便利。无论未来科技手段如何发展，实体图书馆如何现代化，服务始终是贯穿图书馆发展过程的一条主线。现代图书馆服务的基础已经从以实体馆藏为基础的服务拓展为以全球信息资源为基础的读者服务，发生了根本性的变化。图书馆服务的方式也发生了巨大的变化，如远程服务、全天候服务、多维服务等。

所谓"服务理念创新"就是指服务理念要不断适应原有理念所依赖的条件和机制的变化。然而，读者和社会对服务的要求与之前相比会有很大的不同，服务理念也会有根本性的转变。服务理念的创新必须遵循三个基本原则，即国家指导原则、市场调节原则和图书馆自主发展原则。

从社会机构的分类来看，图书馆一般是以国家投资为主体的社会公益性事业单位。在遵循市场经济规律的前提下，加强国家的宏观规划指导，是世界图书馆事业的总则。从某种程度上来说，图书馆现代化的过程是一个建立竞争机制的过程。没有竞争就没有现代化，就没有现代图书馆的活动。竞争是图书馆效率和效益的内在要求，是加快图书馆发展的需要。也就是说，在服务层面上一切为了读者是图书馆工作的根本出发点，先要有"读者第一、服务读者"概念，在满足读者需求的过程中，要怀有"同理心"。在开展各项工作时，要坚持图书馆公共性、公益性、服务性原则，不断提高图书馆的社会效益。

从图书馆服务的发展趋势来看，图书馆服务的内容亟待拓展，其重点是加强信息知识服务，加大为用户服务的力度。前者主要是增加在线信息导航服务和咨询服务的内容；后者主要是加强对社区和外部用户的服务力度，实现信息服务向知识服务的跨越，提高图书馆服务的信息知识含量。

网络环境扩大了图书馆可利用资源的范围。图书馆信息资源不应局限于图书馆原有的印刷型文献信息，而应扩展到服务器上可被网络检索和共享的其他信息资源。随着互联网的普及，人们的信息意识日益增强，信息需求从单一型、专业型扩展到各行各业、生活各个方面，形成了全方位、全面性的态势。过去的服务内容多停留在一般的浅层次加工服务上。图书馆要创新服务内容，拓宽服务范围，就必须致力于文献信息的深度开发和充分利用。因此，图书馆服务应转向文献资料的深度加工，形成有分析、有比较、定性与定量研究相结合的文献。

第二节　全面质量管理在现代图书馆 工作中的应用

质量管理建设通常要几年才能有所成就，任何侥幸和投机取巧的思想都将导致管理的失败，期望短期立竿见影的想法也是行不通的。图书馆质量的高低与否不是图书馆自身说了算的，关键是图书馆的信息产品与信息服务能否满足读者的需求，只有明确了读者的信息需求，才谈得上图书馆产品与服务质量的提高。实施全面质量管理是一个长期的过程，它涉及思想观念、价值观念和行为准则的转变。

开展用户调查是确定读者信息需求最主要的途径之一，除此之外，图书馆还可以通过召开座谈会、开展读者教育、组织书友会等活动，收集读者的反馈信息，也可以利用现代化的信息检索工具，在读者使用联机目录、各类型网上数据库等数字信息资源的过程中，随机记录读者的检索途径、浏览范围、阅读习惯等。现代图书馆要通过各种途径了解读者对图书馆提供的信息产品与信息服务的满意度，明确读者信息需求的特点、内容、方式，并以此作为全面开展图书馆质量管理的基础。

一、根据读者需求确定质量：方向和目标

质量方针是对图书馆总体而言的，而质量目标更多的是相对于不同的部门而言的。图书馆应该根据读者的需求，找出自己的不足之处，确定新的质量方针和质量目标，尽可能地满足读者需求。质量方针定义为"由组织的最高管理者正式发布的该组织总的质量宗旨和质量方向"。现代

图书馆应该从读者的需求入手，结合本馆的实际质量和发展战略，确定质量方针。要实施质量方针，还需使质量方针具体化，即将其转化为明确可行的质量目标。

在制定质量目标时，首先要明确现代图书馆的哪些部门中的哪些活动与信息产品和服务的质量有关，如采访、分类、编目、上架、流通、阅览、参考咨询等。然后根据这些工作的性质，制定相应的质量目标，如新书到馆后多长时间必须进入流通、实行开架借阅图书的比例、读者借阅非开架图书的等待时间等。

二、建立完善的质量体系

开展全面质量管理，必须建设一个完善的质量体系，质量体系定义为"为实现质量管理所需的组织结构、程序、过程和资源"。质量体系的建立对于一个组织的质量管理有着极其重要的意义，它是组织质量管理的核心和基础，能够为组织实现质量方针、质量目标提供有力的保证。第一，它通过明确各部门在产品和服务质量形成全过程中各阶段的任务、职责、权限，落实岗位责任制，可以提高有组织的质量保证活动的效率，提高组织管理水平；第二，它通过制定各部门管理和工作标准，对产品和服务技术规范提供补充，并为其圆满实施提供保证。

现代图书馆质量体系的建立主要包括以下内容。

（1）质量体系文件。为了确保现代图书馆提供的信息产品和服务能够满足读者的需求，确保质量方针和质量目标的实现，需要对业务流程和工作流程进行明确的界定，将其写入文件并予以颁布。质量体系文件的内容包括质量方针、质量目标、现代图书馆业务流程、具体操作模式、方法、工作过程、每个环节每个员工的责任、工作性能和应达到的质量要求以及工作的责任和标准。质量体系文件的作用体现在控制业务流程和工作程序，减少信息产品和信息服务中可能出现的质量问题，并在问题发生后尽快采取补救措施。

（2）组织结构。要重组传统图书馆的组织结构，减少层级结构，扁平化发展方向，提高工作效率，以最经济的方式为读者提供最满意的服务。根据读者需求进行部门设置，加强部门间的协调，保持一致性，提高信息产品和服务的质量。同时，明确各自的职责和权限，使各部门的质量责任进一步明确，质量问题不能相互指责。上下级之间要有良好的沟通渠道，充分授权，提高一线工作人员为读者服务的积极性和主动性。

（3）业务流程。业务流程设计得合理与否直接关系到质量的结果。现代图书馆的业务流程主要包括信息产品和信息服务的设计、生产以及提供。需要对传统图书馆的业务流程进行重组，减少不必要的消耗，改革不合理的环节，充分应用现代信息技术，使整个流程以最高效的方式运行。重组之后仍需不断改进和完善，以便提高工作效率，保障信息产品和信息服务的高质量。

（4）开展质量审核。实施全面质量管理，必须做好质量审计工作，评价质量管理体系的有效性，提高现代图书馆信息产品和信息服务的质量。其目的是通过质量审核，及时发现问题，不断完善质量体系，并采取相应措施防止问题再次发生。质量审核主要从三个方面进行：一是对图书馆的内部评价，看质量活动和相关结果是否达到了图书馆事先制订的计划安排和质量目标；二是聘请外部专家对图书馆质量管理体系进行评估，看其有效性；三是调查读者的满意度，原来的不满意是否在经过全面质量管理后得到了改善，整体满意度是否得到了提高。

三、现代图书馆全面质量管理应注意的问题

现代图书馆越来越提倡将读者放在各项工作的首位。而读者最为重视的是当他们来到图书馆，将会得到怎样的信息产品和信息服务。树立质量第一的观念也就是从读者的角度出发，为读者提供优质、快捷的产品和服务，同时，还要为他们降低成本。因此，质量第一的观念从根本上来说也就是读者第一的观念。

（一）树立质量第一的观念，建设现代图书馆的质量文化

建设现代图书馆质量文化，最重要的任务就是培养图书馆全体工作

人员的质量参与意识。现代图书馆质量第一的观念的树立必须与图书馆的组织文化相一致。现代图书馆的组织文化是从组织的整体出发考虑的，而质量文化是组织文化的一部分，它强调的是全面质量管理，侧重于提高现代图书馆全体工作人员的质量意识、质量观念和质量管理技法。现代图书馆信息产品和信息服务的质量最终是靠全体工作人员的努力来实现的，没有他们的参与，没有他们的积极性、主动性和创造性，质量就无法保证。

（二）重视全员参与，不断提高工作人员的素质

全面质量管理的成功在一定程度上取决于图书馆全体工作人员的接受和参与。只有人人都重视质量，才能做好图书馆的全面质量管理工作。全面质量管理是全体工作人员参与的管理工作，需要每一位工作人员和管理者的充分投入和不懈努力，并在各自的岗位上，学习和运用全面质量管理的思想、观点和方法，高标准、严要求做好必不可少的工作。

在现代图书馆中，对每项业务工作最了解、最清楚工作环节中存在的问题的是不同岗位的具体工作人员。只有认真听取他们的意见，我们才能设计好业务流程、改进工作。为了更好地开展这一工作，图书馆应加强对工作人员的培训，一是培养他们的质量参与意识；二是培养他们的专业技能，使其具备优秀的能力，能够提供优质的产品和服务。一线工作人员经常面临各种突发情况，只有赋予他们充分的权力，他们才能及时适应变化，解决工作中遇到的问题，从而更好地为读者服务。因此，现代图书馆在实施全面质量管理时，必须以全体工作人员为主体。

（三）开展全面质量管理，必须讲求经济效益

实施全面质量管理，要认真做好质量评估工作。全面质量管理重视质量，但并不代表无限制地追求质量。信息产品和信息服务的质量要根据读者的需求，有一个恰当的定位。做好评估工作的目的在于总结经验教训，完善全面质量管理体系，进一步提高员工的质量意识，调动管理部门和员工不断提高工作质量和管理质量的积极性和创造性，使全面质

量管理走上良性循环的发展之路。

低质量的产品和服务无疑是不符合读者需求的，但过高质量的产品和服务会造成成本的上升和资源的浪费，也不符合读者的利益，现代图书馆需要在成本和质量之间做出一个合理的、适当的选择。现代图书馆要对业务流程进行系统优化，消除任何不增加价值的无效劳动，使现代信息技术发挥出最大效能，以尽可能经济的方式提供高质量的服务。

（四）领导的大力支持和直接参与

图书馆全面质量管理的贯彻与实施离不开高层领导的大力支持。首先，领导的支持具有表率、号召和鼓舞士气的作用。领导的自身行动将会直接地表明图书馆的价值取舍，积极推动现代图书馆质量文化建设，在领导的推动下，广大工作人员也能够积极投身到这一行动中去。其次，高层领导的直接参与有利于各个部门做好协调工作。最后，开展全面质量管理的各种投入也有了保证，如资金、设备、技术、人力资源等，这是全面质量管理取得成功的必要条件。

第三章　现代图书馆公共空间设计创新与人性化体现

第一节　图书馆公共空间的设计原则与发展

一、图书馆公共空间的设计原则

从图书馆建筑功能的角度划分，图书馆的功能空间由四大部分组成：①内部办公、管理、网控中心等辅助空间；②公共服务使用空间，包括阅览室、书库、总服务大厅、休闲休憩场所、报告厅等；③提供水、电、消防、空调、卫生间等基础设施的使用空间；④交通空间，如走廊、楼梯、门厅、电梯间等。

从现状来看，以往图书馆空间的划分不适合当前图书馆的发展，不能充分利用现有的图书馆空间，体现不同类型的空间特征。同时，为了开展相关研究，我们还需要对高校图书馆的空间构成进行重新划分，采用新的划分标准和策略。人类对空间的理解最初是基于直觉的，直觉将空间理解为一种配置模式，也理解在这种配置模式下的行为模式。因此，人们可以通过建筑语言根据行为需求来设计空间。一些研究人员试图根据读者的行为来划分空间，如黄湖在其基于环境行为学理论的现代高校图书馆空间研究中，将高校图书馆空间划分为读者学习研究空间、读者交流空间、图书馆员工作空间和技术设备空间。因此，在分析空间构成时，还应考虑人的行为需求。考虑到本研究的核心是以人为本的体验空间，在分析空间构成时，必须从图书馆用户的角度出发。因此，本书采用的分类标准包括用户行为活动、图书馆自身的功能、图书馆的业务工作和服务，并以用户分析标准为主、图书馆分析标准为辅，从多角度理解图书馆空间的构成。

　　新时期图书馆的空间构成可分为以下几类：①用户学习和研究空间。学习空间分为备考、完成作业、学习新知识等活动的独立学习空间，以及听报告、听课的辅导培训空间，以开展信息素养培训，开展学术交流。研究空间分为个人研究空间、群体研究空间和动手研究空间。②图书馆服务的用户使用空间。包括电子图书、信息资源和纸质图书以及期刊、报纸、光盘、缩微胶片等载体资源的存储和阅读空间；图书证处理、借阅与归还图书、信息资源检索等一系列传统服务空间；独立的打印、复制、扫描、漂洗服务空间。③用户文化休闲空间。用于上网、听音乐、听英语、看电影等活动的个人休闲空间；用于社区活动、交流、口语练习、会议、访客、展览等活动的团体活动空间；提供安静的午休和课间休息空间；购买学习用品、食品、饮料的生活空间。④用户信息交流与传播空间。包括图书馆内的自我宣传、公告发布、图书推广等信息发布空间；提供免费杂志、宣传册，介绍展览、音乐会和其他活动的信息流通空间。此外，还有闲散的信息发布空间，可以发布勤工助学、辅导信息、失物招领等个人信息和社会信息。⑤其他非用户参与空间。包括图书馆员的业务和行政工作空间，以及供电设备、计算机操作、电话机房、空调管理、监控室等后台设备空间。

　　图书馆建筑中公共活动空间的功能包括三种：①提供阅览室、藏书区等不能满足使用者需求的空间；②塑造图书馆建筑的室内外观和建筑外观，达到实用美观的效果；③具有灵活性，可根据需要灵活利用。鉴于这三种功能，可以根据周围环境、景观、交通空间等进行空间安排，也可以在适当的地方进行独立的设计，具体的存在形式需要根据具体的设计意图进行设计。不同区域、不同形式的公共空间都有自己的特点，这些特点应该代表图书馆使用者最真实的需求，这恰好印证了一句话：有需求才有建筑。当然，不同的需求会产生不同的建筑空间，一个好的建筑空间就是对一种或多种空间需求的诠释。

二、图书馆公共空间的发展转变

（一）单一的服务性空间向复合型公共空间转变

随着社会的发展和进步，人们对空间的需求越来越大，种类也越来越多，单一的业务空间已经无法满足人们日益增长的需要，只有具有灵活性的空间才能满足各种人的需求，进而提高空间利用率，节约资源，同时可以为用户提供更好的氛围。

所谓单一业务空间，是指业务对象清晰、使用功能单一的空间。这种空间具有明确的目标群体和功能。比如，检索厅为读者建立了一个方便查找图书信息的空间，服务对象是需要查询信息的人；阅览室是一个为读者提供阅读环境的特殊空间，人们来到阅览室的目的很明确，就是为了阅读和学习。

单一功能的服务空间具有明确的指向性，服务对象清晰，不会受到其他需求群体的干扰。如果在阅览室开设大型讨论室，会对其他读者造成干扰。然而，功能单一的空间也有其缺陷。功能过于单一，服务对象过于清晰，会导致空间利用率低。比如，检索厅的设置是为了方便读者查询，但是对于经常使用图书馆的人来说，其知道书的摆放位置，一般很少使用检索厅，从而导致检索厅的利用率不高。此外，随着数字化建设的逐步推进，高校学生可以在宿舍和其他地方进行查询，这也会导致检索厅使用率下降。然而只要有人使用，那么这个空间就有存在的必要，在这种情况下可以在这个空间中加入其他次要的对这个空间干扰较小的功能或与其他功能空间合并使用。国家图书馆的检索厅设置了主服务台、数字图书馆体验区和读者休息区，使检索厅空间得到了更好地利用。

公共空间的形式灵活多变，甚至已经渗透到其他功能空间，如阅览室是供读者阅读的场所空间，功能单一，出于对知识的渴求，阅览室已经成为图书馆中读者出勤率较高的空间。图书馆的空间设计为了达到更高的灵活性，大多使用"三统一"原则，但是开架阅览室的书架和阅览室的高度需求不同，按统一原则设计是不合理的。在阅览室里加入小型公共空间，可以使空间利用更加合理，空间功能更加丰富，为用户提供讨论、对话、阅读和学习的空间。与没有公共空间的阅览室相比，该类阅览室的空间的趣味性得到大大提高。

（二）单一的大厅式的公共空间向多方位、立体式交往空间发展

目前，建筑有了更加先进的结构形式，建筑的空间布置越来越灵活，单一空间的面积越来越大。密斯·凡·德·罗（Ludwig Mies van der Rohe）曾经提出并在设计实践中使用过"通用空间"，这种空间有着空间大、布置灵活、视线通透的优点。但是，大空间也存在着一些弊端，比如大空间大多不是按照人的心理尺度进行设计的，所以大空间仍然需要根据人的心理尺度和心理需求再次利用家具摆放进行二次设计，同时大厅式的空间较为单一，尤其是公共活动空间往往被设计成大厅式。

多方位、立体式的空间形式也是时代发展的需求，早在赖特设计古根海姆博物馆时就使用了"坡道"将整个建筑联系在一起，整个博物馆的参观路线跨越了高度限度，消除了层数的概念，空间的灵活和丰富的形式让人瞠目结舌。这种设计思路恰恰提醒建筑设计师空间的形式是可以变化的，空间的存在形式应该是根据具体的需求设定的，人们的需求是多方位的，那么建筑空间的存在形式就应该是多样的，应该能满足种类繁多的空间需求。笔者认为大厅式的空间形式虽然比较气派，也比较容易连接其他空间，但是大厅式空间也存在空间过于集中、空间形式单一的问题。同样，在高校图书馆建筑中也存在这样的矛盾。这种立体的多方位的交往空间形式是现代化的，能够满足更多人群的需求，是目前较为人性化的，所以也是现代高校图书馆建筑中必须存在的。

三、公共空间的设计策略

任何空间的存在都不是独立的，当然高校图书馆公共空间的存在亦是如此，高校图书馆公共空间种类丰富，有的与周围景观环境结合，有

的与水平交通结合，有的与竖向交通结合，有的与入口空间结合。同时，在图书馆的改扩建中经常会产生较多的多义空间，这些空间也多以公共空间的形式存在，不同的结合形式有着不同的特点和设计原则，以下根据不同的结合方式进行具体论述。

（一）公共空间与水平交通结合

水平交通空间是连接同一平面上各种功能空间的必要工具。水平交通空间在建筑中起着举足轻重的作用。纵观历史，水平交通空间正在从单一的交通空间向复合交通空间转变，在建筑中也有很多水平交通空间与其他空间结合的例子。例如，在住宅建筑中，休息座椅往往设置在走廊旁边，充分利用了空间，使空间不再单调，提高了家居生活的品位。在中国古代建筑中，外面的走廊往往被设计成一个"美人"，或放置喝茶、吟诗的座位。外廊与休闲接待空间自古相结合，方便人们享受自然风光，放松心情。在办公建筑中，经常将沙发座椅放置在扩建走廊的一侧，用于接待或等候，充分利用空间，使接待不影响办公，有效提高了办公效率。这种由水平交通空间组合而成的复合建筑空间出现在许多建筑中，并得到了广泛的认可。图书馆建筑也可以通过水平空间的组合形成复合建筑空间，而水平交通空间与公共空间的组合是最佳方式。在德国柏林自由大学图书馆的设计中，我们可以清楚地看到走廊与公共空间的结合。柏林自由大学图书馆的设计是成功的。

将图书馆建筑的层次与便捷的交通空间相结合可使人们方便到达公共空间，例如当您需要使用公共空间时，可直接从阅览室空间直接到达。水平交通空间感染所有通过空间的人，从而改变了空间的氛围。最重要的是，公共空间在复合水平交通空间中犹如"灰空间"，丰富了空间形态，活跃了图书馆的氛围。

西安交通大学钱学森图书馆旧馆是在建校初期建设的，年代比较久远。1992年对其进行了加建和改造，加建的新馆通过一个宽阔的连廊与旧馆连接起来。笔者认为如若将新馆和旧馆简单地通过作为交通空间的连廊连接起来会显得过于单薄，且交通面积过大，设计不合理，但是设计者采用的是放大连廊，将连廊两侧添加上公共空间，公共空间可容纳多个小组（每组 4～6 人）进行学习、讨论，交流氛围十分浓厚。

（二）公共空间与竖向交通结合

竖向交通是公共空间中最常见的形式之一，是连接各层功能空间的必要手段。竖向交通分为两部分：楼梯与电梯。竖向交通空间是图书馆建筑中单一建筑空间中必备的图书馆使用者专用区域，楼梯与电梯两者结合的公共空间是图书馆建筑空间设计的第二选择，可以很好地改善图书馆学习交流氛围，形成立体的公共空间，这种结合竖向交通设计的公共空间多与楼梯的休息平台和电梯的等候区相结合。

电梯等候区与公共空间的结合，可以使空间得到充分利用，让用户在等待电梯时不再感到无聊。这种公共空间设计多用于高层图书馆建筑，多层电梯等候时间过短，无法营造交谈氛围。

（三）公共空间与绿化景观结合

绿色植物对于改善空间的微气候有极其显著的作用，建筑通常都结合绿化景观设计，图书馆也不例外。作为图书馆使用者闲暇的休息交谈空间，公共空间应具有开放性、通透性，结合绿化景观可以给使用者带来较好的心理感受，使其心情愉悦，更好地进行学习。

（四）独立设置的公共空间

公共空间必须与其他功能空间相连接，其中一些功能空间还需要与建筑周围环境相结合。如西安交通大学钱学森图书馆利用一个巨大的走廊将新旧图书馆连接起来，并在走廊上设计了几组公共活动空间。西北农林科技大学北校区图书馆通过一个小中庭连接新图书馆和旧图书馆。当然，如果在其他地点需要增加公共空间，也应采用之前的设计方法。河北工业大学图书馆扩建工程是对旧图书馆的部分功能布局进行改造，将其整合为一个新图书馆。旧图书馆公共空间不足，新图书馆应适当增加公共空间，设计方法可参考新图书馆。

扩建图书馆或多或少会存在一些问题，改造图书馆时应充分考虑原图书馆真正缺乏的功能，应有针对性地设计以得到使用者的认可。

第二节　图书馆设计中的人性化体现

"以人为本"的空间设计是指在进行空间设计时将人的需求和要求放在首位，让人在一定的空间里感到舒服，一切以人的感知作为设计的起点，充分考虑人的生理与心理需求，在合理布局室内空间的前提下，对实用性和舒适性进行提升，进而体现一定的空间品质，创造一个温馨舒适、健康的空间环境。

建筑设计中的人性化设计从使用者的角度出发，以满足人们所想所需。因此，人性化设计便是以人为中心，满足人的生理需求、心理需求、物质需求和精神需求，通过各种活动和行为，使人们产生亲切、轻松、尊严、自由等心理感受，达到人物和谐。建筑设计的原则是注重人与环境两方面的互动，在空间环境的营造中体现出对人的关心和尊重，同时根据人的不同心理需求和行为特点创造出有特色的不同空间，以适应多种多样的需求。

一、室内空间中人的心理与需求

在空间中，人的行为活动是一些外化的表现。要想真正设计出人性化空间，我们需要进一步了解诱发人的行为活动的内在因素，即人们对空间的各种需求，主要是生理需求和心理需求。

在现有的研究中，人们的生理需求被定义为与人们日常生活密切相关的内容，可以概括为"吃、喝、拉、撒、睡"和"衣、食、住、行"。人的心理需求是比较复杂的研究对象，主要有以下几项内容：①场地与人际距离，也就是对空间大小和密度的需求，距离可分为亲密距离、个人距离、社会距离和公共距离四个等级；②安全感，即人所处的空间必须给人以安全感；③私密性与终结趋势，即人们对某些空间具有视、声等因素的隔离需求，以及空间放置位置的选择显示出终结趋势的心理；④交际和联系的需要，即人们在空间中有交际的需要；⑤求新求异心理，即人们对空间的形状、色彩、灯光、材料等方面有创新和个性化的需求。

除了心理需求外，人类还具有多种感官需求，包括视觉、听觉、嗅觉、触觉、动觉等。我们可以分析人的不同感官与内部空间的关系，从而了解人的感官与空间的相互作用。

综上所述，人们对空间有归属感、舒适感、方向感、公开性、私密性等一系列需求。我们可以根据人们的社会需求、行为模式和心理倾向详细了解人们的空间需求。结合马斯洛需求层次理论，既要分析基本的生理需求和心理需求，又要考虑情感需求、精神需求、文化需求等高层次需求。

二、图书馆设计中的人性化体现

随着社会的发展，人类的经济时代也跟着不断变革，从刚开始的农业经济时代、工业经济时代到现代的服务经济时代，尔后又进入体验经济时代。在以体验为主的新经济时代，人类的"体验式"生活方式与行为模式已经逐渐渗透到生活的方方面面，体验型社会由此逐渐形成。

（一）体验式角度看人性化

要深入理解体验设计，了解用户的体验心理是一个重要的前提。体验式设计是将以人为本的理念深入设计中，强调设计的感性、互动性和具体性。随着"体验"一词不断受到关注，一系列相关理论逐渐涌现，"体验"的特点也逐渐在各个领域得到强调和发展。从空间设计的角度来看，与"体验"相关的基本理论包括设计心理学、体验心理学、建筑现象学、感知空间理论等。相关概念包括人性化设计、情感设计和交互设计。

　　人性化设计是以工效学为基础，从人的生理结构和生活习惯出发，结合设计的理论知识和空间特征，将体验式设计纳入设计范畴。从设计心理学的角度看，情感设计以情感交互为核心，使设计更加人性化。情感设计是人性化设计和体验式设计的一种表现，让用户参与到设计中，更好地将情感元素融入设计中。交互设计是体验设计的动态立面，将交互关系运用到设计中，形成交互系统，强调设计对象与用户之间的交互体验。

　　众所周知，马斯洛需求层次理论是我们理解用户体验心理学的基础。他指出，人类的需求有五个层次。第一层是人类最基本、最必要的需求，即个体生存和人类繁衍的"生理需求"。第二层是"安全需求"，即保护、关爱和安全感，使自己免受身心伤害。第三层是"归属感和爱的需要"，渴望给予或接受他人的友谊、关心和爱，渴望被特定群体认可、接受和重视。第四层是"自尊需要"，即渴望获得荣誉、被尊重、赢得赞扬、获得一定的社会地位。第五层是"自我实现需求"，即充分发挥个人潜力、实现梦想和抱负的愿望，排在首位。其中，"生理需求"和"安全需求"属于低层次的实践需求，"归属感和爱的需求"和"自尊需求"属于中等层次的示范需求，"自我实现需求"属于最高层次的体验需求。

　　可以看出，人性化设计中的用户体验心理与心理需求之间存在一定的相似性和相关性，但体验心理学强调用户行为活动的交互性，对体验设计有较高的要求。它必须在实用性和表现力的基础上追求体验的效果。体验设计分为感官体验设计、行为体验设计、情感体验设计和叙事体验设计。感官体验设计又被称为感性体验，是从视觉、听觉、触觉、嗅觉、味觉等感官角度进行设计的。行为体验设计是从行为主体的行为模式和活动过程的角度进行设计的。情感体验设计是根据人的不同情感，构建匹配的主题空间，适应和诠释人的不同情感；叙事体验设计是将事件内容与设计形式相结合，通过新的主题和独特的故事情节来实现设计。

　　此外，体验设计根据体验类型又分为材料体验、环境体验、运动体验、逻辑体验、设施体验、文化体验、家具品牌体验等，这些都是将不同的体验元素作为设计的核心，形成不同特色的主题体验。因此，我们需要进一步详细分析体验设计的要素，包括：人们在不同场所和设施中的行为要素、场所空间的情节要素、技术因素、审美元素、地域文化元素、社会文化因素。此外，体验主体的需求、情感以及体验活动的互动性也是体验设计中需要考虑的因素。

影响空间体验的主要因素还包括体验主体和体验客体、体验主体的参与程度、经验的指向性和暗示性、经验水平。如果进一步细化影响体验效果的主要因素，我们可以将其分为个体因素和人文因素。个体因素包括性别差异、人格特征、情绪、爱好和审美倾向，人文因素包括地域因素、民族因素和年龄因素。此外，不同的体验设计也有各自的设计元素。例如，行为体验的影响因素包括用户的性别、年龄、特殊性；行为体验引发的时间因素包括季节、时间段、节假日等；行为体验引发的感知因素包括视觉、触觉、听觉、心理等。例如，家具体验的设计要素包括形式、色彩、材料质感、功能等组合要素，以及由此产生的生理感受和心理感受。例如，光影设计与视觉体验的设计元素包括静态与动态的光影、简洁、透明、秩序、明暗、色彩等。

体验设计的过程一般从确定整体体验理念开始，接着细化环境设计，最后吸引用户参与到用户体验中，形成体验理念。在此之前，我们还应该明确体验空间的使用者，区分使用者的基本需求和个人愿望，以及空间设计师可以发挥的作用，这是实施体验设计的前提。体验可以用多种方式表达，最常见的是五种感官的表达，即人的感官作为体验的媒介。行为的互动体验也是一种常见的体验技能。空间体验的主要目的是为诱导用户的体验行为提供条件。更高层次的体验是满足用户精神层面的体验，即触发情感体验和思考。

当然，也有集体体验，也被称为关系体验，它是通过结合以往的体验表达方式，将用户与他人、社会、文化联系起来，从而超越人与物之间的互动体验，实现人际交流体验。

从人性化设计的角度来看，图书馆空间应具有地域性、私密性、信息性、识别性、安全性、舒适性、智能化、艺术性、文化性、环保性等特点。从人们对空间的需求来看，图书馆空间应具有归属感、方向感和空间感的特点，同时突出公共空间和私密空间的不同特征。

从人性化的发展趋势来看，图书馆空间应具有人文性、生态性、技术性、地域性、互动性等特点。从人性化的细节元素来看，图书馆空间应具备空间布局人性化、空间色彩功能人性化、家具设施多样化、空间动静分割、空间灵活可持续发展等特点。从体验设计的角度来看，图书馆空间应具有游戏与娱乐性、人文与互动性、情感与灵活性、高科技与时尚性的特点。从体验空间的角度来看，图书馆空间应具有突出的场景主题、互动参与感。从体验行为的角度来看，图书馆空间应体现参与者的个性、主体性、全面性和可扩展性。因此，基于上述特征，体验性图书馆空间应具有娱乐性、互动性、差异性、不确定性、主观性、即时性、连续性、去物质化、情绪性、个体性等特征。本书提出的图书馆人文体验空间首先属于图书馆空间，应该具有图书馆空间本身的各种属性。其次，遵循人性化理念的空间设计要求，体现人性化空间的特点，同时包含体验空间的诸多特点。最后，它是三种空间相结合的一种新型空间，必须在综合特征的基础上形成自己的个性化特征。与其他图书馆空间相比，新空间必须满足人性化的设计要求，体现互动体验的特点，这是其最基本的特征。

（二）从图书馆空间划分看人性化

1.学习空间

学习空间包括公共学习空间、私人学习空间、群体研究空间。公共学习空间是供许多人学习的公共空间，包括坐、读、学等一系列活动空间。对这种空间进行人性化设计应注意提供满足人际距离的空间，包括舒适的桌子和椅子，必要的学习设施和安静的环境。私人学习空间是指个人学习的私人空间，包括静坐、独处、学习、研究、思考等一系列活动。从人性化设计的角度来看，这类空间应注重满足用户的归属感、空间感和私密性的心理需求。从体验设计的角度来看，则应体现用户的思考体验、精神体验和私密空间的局部性体验。群体研究空间是一个供多人讨论、学习的私密或半封闭式空间，包含坐、学、谈、听等多种活动。在人性化设计方面，这类空间要注重空间的灵感性、互动性和灵活性，注重外部噪声的控制和内部噪声的扩散。在体验设计方面，应该体现用户的行为体验、思维体验和教育体验。

2. 休闲空间

休闲空间包括视听空间、休息空间和生活休闲空间。视听空间是用户用于听音乐、看电影、浏览视听资料的特殊设施空间。用户在这个空间的主要活动是坐、听、看。这类空间的人性化设计应注重视听设备的实用性、观看位置和视觉距离，以及空间的灯光设计、座椅舒适性和音响控制。从体验设计的角度来看，应突出用户的视觉体验、听觉体验和设施体验。休息空间是使用者特殊的休息场所，包括坐、斜、躺等休息行为。在人性化设计方面，要注重家具设施的舒适性、空间灯光音响的适宜性以及用户休息时所需的安全感。在体验设计方面，要注重用户的情感体验和家具体验。生活休闲空间是用户购物、吃饭、上网的休闲场所，包括散步、驻足、吃饭、社交等一系列生活活动。从人性化设计的角度出发，这类空间要注重空间的独立性、便捷性、舒适性和个性化特征，同时要考虑到不同的人际距离。从体验设计的角度来看，应该从多角度反映人的乐趣体验、环境体验和综合体验。

3. 活动空间

在活动交流空间中，笔者选择了两人交流空间、多人交流空间和展览展示空间进行分析。两人交流空间是两个人谈话的私人空间，容纳了用户的停、坐、听、说等行为。从人性化设计的角度来看，这类空间要注意空间的相对私密性，以及家具、设施的灵活组合。从体验设计的角度来看，应注重参与者的行为体验，为两人互动营造情感体验和空间氛围体验。多人交流空间是指两个人以上进行交流的公共空间。它包含了一系列的休闲活动，用户可以停下来、坐下、倾听、交流和互动。从人性化设计的角度来看，这类空间应注重空间的开放性、互动性和灵活性，避免安静的空间。从体验设计的角度来看，还需要突出参与者的行为体验、情感体验和交流空间氛围，但相对更具动态性。展览展示空间是供多人参与的一种文化交流空间，可适时更换展示的主题、形式等，容纳了用户步行、驻足停留、观看与讨论等多种活动。从人性化设计角度来看，此类空间要注意空间的主题选取、流线设计、灵活变化与展示方式。从体验式设计角度来看，则要突出参与者的视觉体验、精神文化体验、审美体验、品牌体验等。

此外，笔者还选择了高科技体验空间、手工操作空间和特色主题空间来描述创新空间。高科技体验空间是用户使用图书馆高科技设施的一个虚拟和真实的空间，它包含了参与者的行走、驻足、静坐、观看、聆听、交谈等各种行为。从人性化设计的角度来看，这类空间主要注重操作界面的人性化和功能识别的清晰性。从体验设计的角度来看，应该体现用户的多感官体验、行为体验和智能体验。手工操作空间是不同职业用户的工作室空间，包括用户的坐、看、听、交流活动。在人性化设计方面，这种空间应注重操作的人机规模和人与人之间合作交流的便利性，而在体验性设计方面，应体现行为体验、设施体验和发散性思维的创新体验。特色主题空间是图书馆为用户预留的主题活动空间，可容纳多人进行室内活动。从人性化设计的角度来看，这种空间要注重多变的空间元素的灵活性、家具设施的多选择性和空间的可操作性。从体验设计的角度来看，要注重品牌体验、实践体验等主题鲜明的体验活动，要突出逻辑体验和叙事体验。

第四章　现代图书馆服务平台与服务环境

第一节　图书馆服务平台的构建

现代图书馆的读者服务工作呈现出与以往不同的特点，特别是在网络时代。网络技术的发展与应用使图书馆向数字化、网络化、虚拟化方向发展，并导致传统图书馆服务观念的改变。随着互联网时代的到来，图书馆作为人类知识的宝库，正在发生着深刻的变化。它不再只是一个保存和阅读书籍的地方，而是逐渐发展成为人类的知识信息中心。在网络环境下，图书馆的地位大大提高，图书馆服务将成为图书馆建设的重要内容。

一、图书馆服务的特点和原则

（一）图书馆服务的特点

在网络环境下，图书馆信息服务是一种高效的网络化、数字化服务，是现代信息服务的先进形式。它与传统的信息服务在服务理念、服务内容、载体形式、服务策略和模式等方面都不同，其主要特点如下。

1.服务理念信息化

信息服务首先是一个概念，一个理解和组织服务的概念。信息服务理念是开展信息服务工作的思维标准和理论基础，信息服务的灵魂是确定信息服务的战略和模式。知识经济的飞速发展以及网络环境下用户对知识的迫切需求，使图书馆必须在起伏的知识服务中，对信息资源进行有效地收集、组织和存储，根据用户对深层次信息资源的需求进行开发，挖掘隐性知识，提供知识，解决问题。信息服务的价值主要体现在为社会经济发展提供服务的知识内容上，而不是简单的信息量。

2.服务内容知识化

服务内容知识化是以满足信息用户的需求为目标的，图书馆信息服务重点关注知识的使用，强调开发利用信息资源。图书馆不仅要为信息用户提供寻找知识线索的地方，更要帮助用户从复杂的信息资源中获取信息知识以解决实际问题，将这种知识熔接和重组为合适的问题解决方案，并转化为新的产品、服务或管理机制。

3.服务模式多样化

数字文献服务在网络环境下实现网络化，用户可以访问、检索并下载网络信息，如使用数据库的 Web 服务、项目查询等。图书馆可以通过互联网提供各种新闻文献资源，提供人们所需的信息和知识，用户可以通过终端和网络从任何地方找到他们需要的信息。图书馆利用互联网上的虚拟信息开展信息服务，包括利用互联网上的各种网站和搜索引擎，按学科或主题收集、下载、筛选、分析、整理和整合学科数据库，为特定用户提供服务。用户可以通过自己的语言继续与系统进行交互，逐步缩小搜索范围，获得自己需要的文献。

4.服务载体网络化

网络环境以数字资源为基础，借助网络技术，实现资源的跨时空共建与共享。互联网的真正价值是通过信息高速公路快速传递信息资源，它彻底改变了传统的信息获取方式，并将分散在不同载体和地理位置的信息资源数字化存储，并通过网络相互连接，实现真正的信息资源共享。图书馆的馆藏不仅包括各种载体的本地数字信息资源，还包括互联网上大量的虚拟数字信息资源。用户可以根据自己的需要自由地获取适合自己的信息资源，这大大增加了用户的信息资源量，从而提高了整个社会的信息获取能力。网络图书馆的建设打破了传统图书馆封闭的服务理念。通过局域网、CERNET 和 Internet 互联，各种数据库资源可以在 Internet

上共享。通过网络资源的共享，图书馆的服务范围不断扩大，形成服务的区域化。目前，大多数图书馆都连接到互联网上。这种变化的终极目标是摆脱图书馆只针对特定的读者群体的现状，对社会开放，开展多种形式的信息服务，满足社会对信息的需求，更好地为社会各界服务。

5. 服务管理人性化

图书馆除了注重信息服务，还注重人文环境的建设。在信息服务方面，除了提供传统的图书借阅服务，图书馆加强了网络建设，突破时间和空间限制，延长服务时间，拓展服务空间，提供快速、方便的服务，方便各种各样的读者获取信息。同时，加强对信息的收集、处理和组织，提高网上收集信息的数量和质量，为读者提供充足、有价值的信息资源。在人文环境建设中，图书馆应有效利用数字和网络技术，减少图书馆的空间，相对扩大读者的学习空间，创造舒适的学习环境，提供信息检索、影印、装订等自助服务，加强与读者之间的有机联系。图书馆可为每个学生发送一封校园电子邮件，为学生提供图书借阅信息。同时，学生可以通过电子邮件预订书籍。

6. 服务态度主动化

服务是图书馆的基本宗旨，是图书馆的核心功能。网络环境下图书馆的服务已经由传统的被动型服务向主动型服务转变，这种转变已经发展成为现代图书馆的主要特征之一。这种转变趋势主要表现在以下三个方面：一是图书馆的服务方式由信息储藏向信息加工和传递转变，使图书馆成为读者获取最新信息和知识的来源；二是主动为科研服务，使图书馆成为国内外新学科、新领域、新课题、新动态、新技术成果的跟踪者和信息提供者，发挥信息的时效性，为读者特别是科研人员提供及时、准确的服务；三是主动参与市场竞争，有利于图书馆发挥自身的信息优势，改变被动服务方式，树立市场观念，主动参与市场竞争，根据市场需求，为社会各部门提供各种信息服务。

7. 突破时间和空间的限制

服务时间和服务空间的限制一直是读者服务不能实现跨越式发展的两大障碍。借助于信息技术，图书馆已可以向读者提供 24 小时的"全天候"服务；服务的触角也已延伸至全国以及世界各个国家和地区。读者与图书馆员之间从来没有像今天这样"天涯若比邻"，虽远隔千山万水，但如同近在咫尺，即时的咨询问答服务方式使远距离的感觉不复存在。人们未来可以通过图书馆实现这样的服务愿景，即任何读者在任何时间、任何地点都可以利用任何馆藏，并与任何参考馆员联系获取他所希望的个性服务。

8. 阵地服务与网络服务并重

在开展传统阵地服务的同时，几乎稍有规模的图书馆都有自己的网络服务。上海图书馆、中山图书馆等都先后开展了网上参考咨询工作，中国国家图书馆和上海图书馆的网上文献传递工作也与日俱增。网上借阅、网上讲座、网上咨询、网上文献提供、网上读者信箱等已经成为现代图书馆有机体中不可或缺的组成部分，它连接着图书馆的三大要素：藏书、读者和工作人员。网络服务与传统的阵地服务互为补充，互为促进，现代图书馆将表现出无限的生命力。

9. 资源无限带来服务无限

当数字技术将传统媒体文学转变为数字信息，借助网络通信技术，所有图书馆和其他机构构成一个整体时，人们可以获取无限的资源以及无限的图书馆读者服务。一些馆藏数量有限但善于利用社会各种信息资源的图书馆近年来取得了惊人的成就，改变了传统上对馆藏数量和建筑面积的追求，深化了资源共享的理念。

10. 提供便捷服务的要求越来越高

方便快捷是读者对图书馆服务的基本要求。在信息时代，速度是最重要的。为读者节约时间已经成为一种服务理念，例如一些图书馆提出为读者提供限时服务，尽量缩短读者在借阅过程中的等待时间。许多图书馆主动为读者提供个性化、快速化、高质量、标准化的服务，特别是在第一时间为读者提供各类最新的文献信息。此外，效率和质量也体现在读者指导、空间布局、文献提供、在线咨询等图书馆服务的各个环节和业务上。

11.免费服务的呼声越来越高

根据《联合国教科文组织公共图书馆宣言》，原则上，公共图书馆应该免费提供服务。在图书馆的一般服务中，向读者收取服务费和会员费只是一种权宜之计。收取一些文献借阅逾期费、复印费也是可以的，但不能太高。图书馆应该根据该宣言提供更多的免费服务。

12.对个性化服务的需求日益增长

读者群对个性化服务需求越来越高。网络技术的发展为自助读者服务提供了很多方式和服务内容，在自助读者服务中，读者的自主性得到了增强，个性化得到了满足。当上海图书馆与上海有线电视共同推出"把我的图书馆带进千家万户"服务，庆祝新图书馆成立五周年时，这种个性化服务正逐渐成为图书馆界追求的新的服务理念。

（二）图书馆服务的原则

图书馆界在长期的社会实践中，根据服务工作的规律，总结出一系列的服务原则，促进了图书馆服务工作的开展。图书馆服务原则是图书馆服务理念的具体落实，反映了图书馆用户服务的水平和质量。这些原则贯穿于服务工作的各个环节，相互渗透，相互补充，形成一个有机的整体。

1.主动服务原则

所谓主动服务，是指图书馆以社会和用户的文献信息以及其他文化、教育、休闲需求为核心，采取各种措施和手段，以积极的态度和服务精神，积极地为社会服务。主动服务是主动服务理念的体现，体现了图书馆员对图书馆的奉献精神。任何一个图书馆员，无论他选择了图书馆还是图书馆选择了他，既然他已经是团队中的一员，就应该热爱这项事业，把自己的全部精力和才华奉献给这项事业。由于还有很多人不了解图书馆及其服务内容，图书馆员应该毫不犹豫地通过积极的服务宣传图书馆，吸引更多的人使用图书馆。这就是图书馆员的工作，也是他们存在的原因。

图书馆主动服务的内容有以下几点。

（1）图书馆要从文献的收集者转变为知识信息的生产者和开发者。开发具有特色的、实用的能利用互联网提供服务的图书馆资源在线公众查询和浏览系统。大型图书馆可以凭自己的实力建立该系统，小型图书馆可以与相关的信息资源数字化企业合作。

（2）用户培训。在网络环境下，图书馆的教育功能和信息服务功能可以更好地结合起来，如为用户举办讲座和培训课程，普及网络知识和检索技能，介绍互联网上常见的问题和解决方案，推荐优秀的网络搜索引擎。这种服务可以提高用户的自我服务能力，从而实现图书馆的信息服务功能。

（3）网络资源导航。图书馆工作人员可以发挥自身的专业优势，收集、综合、分析、判断和整理信息，开发和利用网络资源，拓展图书馆服务，对不同类别的网络信息进行整理并提供给用户，提供组织、处理、搜索和导航服务。具体实践中本单位可根据自身学科特点、主要研究方向、重点课题和用户特点进行收集和分类。例如，中国医科大学图书馆将网络信息分为通用学科指南、医学专业指南、通用查询引擎、医学查询引擎、免费网站、电子期刊、数据库、国内热门网站、国外高校等，深受用户欢迎。

（4）延续传统主动服务，利用新技术提高服务质量。确定书名服务、新书公告服务、剪报服务、中英文期刊目录公告服务、馆际互借服务等传统的主动服务形式在图书馆服务中取得了良好的效果，今后仍应予以重视。在网络环境下，利用网络和通信的优势，可以改善这些传统业务存在的问题，开发新的、更高质量的业务。

（5）跟踪用户需求的变化。推进主动服务，对图书馆和图书馆员提出了更高的要求。

第一，我们应该理性地认识到主动服务是图书馆的责任。服务用户是图书馆员"为人民服务"的体现，主动服务是对其"全面""深入"的升华。在人类社会生活中，人与人之间形成了各种各样的服务内容以及服务关系。正是这种关系保证了人类社会这台伟大机器的正常运转和各种社会生活形式的可持续发展。作为社会职能部门，图书馆是人类社会大机器的一部分，担负着向人们提供知识和信息的责任。

第二，图书馆员应该有较高的职业素养。图书馆服务，尤其是文献信息服务，是一项学术性、理论性、技术性和创造性的工作。然而，随着现代社会和科学技术的飞速发展，人们对知识的需求量越来越大，所涉知识领域也越来越广，所需信息越来越专业化，如果图书馆员的专业水平不高，就不能很好地解决用户提出的问题，不能很好地满足用户的需求。因此，图书馆员要具有广泛的知识面，掌握文献信息整理、检索和开发的专业技能，特别要掌握现代信息技术，只有这样才能适应时代的发展和用户的需要。

第三，图书馆服务人员应具备良好的心理素质。图书馆员与用户共同参与图书馆服务的过程，也共同参与图书馆与用户交流的过程。双方要有良好的心理和情感接触，从而达到提高图书馆资源利用率的最终目标。因此，图书馆员应与用户建立合理、兼容、互信的关系，充分体现图书馆资源的平等使用，平等对待所有用户。只有这样，才能为服务工作的顺利开展创造必要的条件和环境。图书馆员可以通过日常接待讨论和问卷形式，主动与客户进行心理沟通，与客户建立起亲和的关系，了解客户的需求，主动为其提供信息资源，促进图书馆资源的开发和利用。

2.开放原则

开放服务已成为现代图书馆的重要特征。开放是服务的前提，开放原则是图书馆服务的首要原则，没有开放便无服务可言。图书馆自诞生之日起，从封闭到局部开放再到全面开放，经历了漫长的演变过程。现代意义上的图书馆开放，是一种全面开放，包括资源开放、时间开放、服务对象开放和馆务公开。

（1）资源开放。资源开放是指把图书馆的所有馆藏资源（包括实体馆藏和虚拟馆藏）、人力资源和设施向用户开放。资源开放的内容及要求如下：所有馆藏全部开放利用；尽最大努力实施开架借阅；经常进行馆藏宣传（如新书通报）；图书馆之间相互开放资源，实现资源共享；馆内所有设施（如书库、展览厅、视听室等）向用户开放；全面揭示馆藏，健全检索体系；全面实行全员服务。

（2）时间开放。时间开放是指最大限度地延长用户利用图书馆的时间。西方一些发达国家的公共图书馆，不仅保证天天开馆，而且保证从早晨至午夜的开馆时间。中国国家图书馆和上海图书馆也实行"365天，天天开馆"。图书馆服务的时间开放要求做到如下几点：节假日和公休日不闭馆，"图书馆无休息日"；馆内开展任何公务活动都不影响正常开馆；保证开馆时间的完整性和连续性，避免中断。

（3）服务对象开放。服务对象开放是指图书馆不分国籍、种族、年龄、地位等，向所有人开放。图书馆不仅仅是一个阅读场所，也是人们观光、交谈、休闲、娱乐的场所，是具有综合功能的社会文化中心。图书馆服务在文化层面上具有不可或缺的存在价值，它加强了人与人之间的感情联系，也提供了人们相互交流的场所。图书馆向社会上所有的人开放应成为现代图书馆服务最具吸引力的魅力所在。

（4）馆务公开。图书馆服务的评价主体应该是用户，用户满意与否是衡量图书馆服务质量好坏的主要标准之一。与用户服务有关的所有决策过程（如相关的制度、法规、惯例等）及其结果均应向用户公开。图书馆事务公开不仅是图书馆决策民主化的需要，也是图书馆服务赢得用户信任的需要。实施图书馆事务公开应做好以下几方面的工作。第一，制定图书馆事务公开制度。对需要公开的信息披露事项、时间和方式做出明确规定，并将其制度化。第二，建立用户参与管理和决策机制。应就用户感兴趣的主要问题事先征求用户的意见，并在可能的情况下让用户直接参与决策过程。为此，可设立类似读者监督委员会之类的来收集用户意见。第三，开放用户监督渠道。如公布用户监管电话（先公开策展人的电话）、邮箱地址，设置用户意见箱，公布领导接收用户信息的日期。第四，对用户评论的开放接受。在图书馆评价组织中，应建立"顾客满意"指标，并使该指标在整个评价指标体系中具有足够的权重。

3.充分服务原则

充分服务就是要求图书馆服务工作人员全面开发利用图书馆资源，最大限度地满足用户需求，充分发挥图书馆为社会服务的职能。由于图书馆资源是社会共同的财富，每个社会公民都享有充分利用的平等权利，而且文献资源又是一种软资源，它与其他的物质资源有着明显的不同，其最显著的特点就是必须在应用中实现其自身的价值，如不及时应用，则很可能失去生命力。因而，它是一种活资源。文献信息的使用频率越高，其社会价值就越大，所发挥的作用也就越大。因此，充分服务是图书馆事业发展的必然趋势，是社会对图书馆服务工作的客观要求。

要做到充分服务，必须做到以下几点。

第一，要做好图书馆资源的开发、利用和宣传工作。广泛、深入地揭示、宣传和报道文献信息，是图书馆服务工作中多层次、多渠道开发利用图书馆资源的有效措施。图书馆要加强文献信息的开发利用和宣传报道工作，从大量符合实际需要的文献中开发有用的、重要的文献信息，并及时让读者了解文献信息的采集和开发利用情况，吸引更多的用户使用图书馆资源，将"静态"的文献内容转化为动态的、多层次的知识信息，从而把图书馆这个知识宝库变成每个人都可以使用的"知识喷泉"。

第二，扩大图书馆的服务范围，提高文献利用率。图书馆是社会文献信息传播和交流的机构。各种类型的图书馆，除了为用户提供服务外，还应该向社会开放，服务于社会的所有成员，扩大文献信息利用的覆盖面。特别是在市场经济条件下，社会经济活动的主要成员都应该成为图书馆服务的主要对象。

第三，要注意用户需求的发展和变化。用户需求是图书馆服务工作的动力，全面服务原则的基本出发点是挖掘一切潜力，调动一切因素，千方百计满足用户需求。因此，图书馆服务必须关注用户需求的发展变化，特别是在充分满足用户现实文学需求的基础上，激发用户的潜在需求（包括真实用户未表达的文学需求和潜在用户的文学需求）。目前，图书馆在客户服务过程中，往往更关注用户的现实需求，忽视用户的潜在需求，在不了解用户需求的情况下，推出一些针对性不强，质量不高的信息产品，往往会造成图书馆资源的浪费。

由于图书馆与用户之间缺乏沟通和了解，许多用户有文献需求却没有求助的大门，大量的潜在需求被图书馆拒之门外。图书馆丰富的资源又无人问津，要改变这种状况，就要深入到社会各阶层中，深入到用户中去，及时了解和掌握用户需求的发展与变化，并不失时机地向社会各界大力宣传图书馆的社会职能，包括用户文献需求服务的内容和功能、人才、技术、力量、业务范围等，为用户搭起一座文献信息的供需桥梁，源源不断地向用户输送丰富的知识和信息，从而使大量的、潜在的用户转化为图书馆的现实用户，使用户潜在的文献信息需求转化为现实需求，并以最大的努力来满足用户的这些需求。

4. 区分服务原则

区分服务，就是要求图书馆服务人员根据用户的不同需求和特点，采取不同的服务方式，提供不同内容、不同范围、不同层次的文献信息。换言之，就是根据用户的不同需求和特点，尽可能地提供个性化服务。它是由图书馆服务组织的性质、任务和服务模式所决定的，是由图书馆多层次的馆藏结构和用户结构所决定的，也是由图书馆各种社会功能所决定的。

首先，服务的差异化应基于对用户和馆藏资源的基本分析。图书馆文献资源的收集与利用是一个多层次的动态过程。藏品的内容和性质在不同的学科和类别中是不同的。馆藏文献的利用可分为流通、参考、未来参考和保存。不同类型的集合具有不同的使用条件和特点，应区别对待。用户及其需求也是一个层次动态结构。不同用户对图书馆资源的需求不仅是多层次的，而且是不断发展变化的。

其次，这一原则是由图书馆服务组织实施的多样性所决定的。根据用户的需要和图书馆藏书、设备资源的特点，图书馆分别设置多种服务，根据用户的需要设置不同的借阅服务、咨询服务、检索服务、复制服务、互联网信息检索服务、视听服务、编辑服务，等等。这一切都是为了满足不同用户的相同需求。

最后，实现图书馆的社会功能需要差异化服务原则。一般来说，图书馆具有收藏、教育、信息、文化、娱乐等功能。就教育功能而言，可分为通识教育、职业教育、技术教育、思想教育、综合教育等。只有差异化的服务才能达到应有的教育效果，促进人才的成长。就信息功能而言，为教学、科研、生产服务，"广泛、快速、准确"传递文献信息，开展对口跟踪服务和选题服务，实际上就是差异化服务。就文化、娱乐功能而言，必须贯彻差异化服务原则，满足不同用户从内容到形式的多样化需求。

因此，图书馆差异化服务是图书馆服务深化的结果，是图书馆服务发展的必然结果，是图书馆为适应社会新需求而被赋予新的社会功能的结果。

在对用户和资源进行系统分析的基础上，根据不同用户的需求进行差异化服务，这是充分服务的表现。但不应严格根据用户的构成（职业、年龄、文化水平等）来区分服务，甚至要进行所谓的"对位"服务，即为专业的用户提供适合其专业的图书，这样不仅有利于充分发挥图书馆文献信息资源的作用，更有利于满足用户的阅读需求。

5.省力原则

省力原则又被称为最小付出原则、方便原则。人们在解决任何一个问题时，总是力图把所有可能付出的平均工作或成本最小化，即人们在解决所面临的问题时，要把这个问题放在他所估计到的、将来还会出现的整体背景中，想方设法寻求一种途径，把解决面前的问题和将来可能出现的问题所付出的全部成本最小化，省力原则描述的是人类的各种社会行为，用户利用图书馆服务的行为自然也不例外。图书馆服务的省力原则体现在以下几个方面：馆舍地理位置和资源组织要方便用户，用户辅导要容易获得并通俗易懂，服务设施与服务方式要方便用户，阅览空间要人文化。用户在利用图书馆服务的过程中，也会有以最小的付出获取最大收益的心理与行为趋向。

对于图书馆来说，重视省力原则，不仅要注意服务的可接近性与易用性，还要进一步深化服务内容，特别是提供多元化的服务项目和准确可靠的信息内容。用户利用图书馆服务都是为了满足自己的某种文献信息需求，达到自己的某个目的。因此，图书馆提供的文献信息应尽量满足他们对知识和信息的需求。满足度高，用户就会认为自己所付出的代价值得。

（1）馆舍位置。网络条件下"图书馆离我有多远"这个问题已不那么重要，但是"去图书馆是否便利"仍是许多人关心的问题，因为恬静、舒适、典雅的图书馆环境是网络环境所不能提供的。既然图书馆是人们向往的理想去处，就应处于便利的位置。美国学者 E. M. 索普通过调查研究得出，一个信息源在物理距离上越易接近，被利用的可能性越大。可见，图书馆的地理位置是否方便人们到达，是影响图书馆利用率的一个极其重要的因素。

（2）资源组织。文献信息资源组织的用户保障原则要求图书馆按照方便用户检索、利用的原则组织资源。首先，在馆藏资源的物理载体组织上要方便用户利用，即要求图书馆在馆藏资源的空间布局上最大限度地拉近用户与资源之间的时空距离。其次，馆藏资源的内容组织要方便用户利用。图书馆要建立一套完善的馆藏文献信息检索体系，力争达到"一检即得"的效果。著名的穆尔斯定律指出，如果使用一个检索系统比不使用它更麻烦、更费力的话，这个系统便不会被使用。这就说明，检索系统不仅要讲究科学性，还要讲究方便性。

（3）服务设施。服务设施要方便用户，首先应在建筑格局和家具摆设上考虑用户利用的方便性，显示出书中有人、人在书海的意境。其次，服务设施的设计要根据人体工程学的原理。另外，服务设施的方便性还体现在专为残障群体用户提供方便上。

（4）服务方式。图书馆正处在前所未有的变革与发展时期，图书馆所做的一切工作都是为了做好服务工作。在服务方式上，一要贴近用户，二要从细微处入手。深入社区或街区设立分馆，是图书馆贴近用户、方便用户的有效服务方式；关注并满足用户的个性化需求，也是图书馆贴近用户、方便用户的有效形式；千方百计减少对用户的限制，是方便用户不可或缺的重要方面；从细微处方便用户，要让用户感到方便无处不在；服务方式灵活多样，也是方便用户的重要措施。

遵循省力原则规划图书馆的服务系统，方便用户利用，满足他们的心理要求，保证他们只需付出最小代价便可轻松使用图书馆的服务，应成为每个图书馆追求的目标。

6. 平等原则

图书馆服务中的平等原则，要求图书馆以博爱精神关爱每一个读者，尊重每一个读者，坚决维护读者的合法权益。

平等原则是图书馆服务的首要原则，也是其他原则的基础。平等原则主要表现在两个方面。

（1）平等机会。图书馆应保证用户平等使用图书馆。一方面，图书馆在提供各种服务的过程中不应该有任何用户歧视。例如，所有图书馆用户都应受到平等对待，不论性别、年龄、种族和地位。另一方面，图书馆应为所有用户提供使用图书馆的平等机会，特别是弱势用户群体和存在各种障碍的用户群体。例如，为贫困线下用户、健康障碍用户、诵读困难用户、偏远地区用户等提供平等使用图书馆的机会。为了保证用户平等使用图书馆的权利，图书馆必须坚持其公共性和公益性，否则所谓的机会平等将成为镜子中的一朵花，图书馆服务将背离人类社会的基本价值观和图书馆的基本发展方向。

（2）平等权利。图书馆使用者享有平等使用图书馆的基本权利。例如，图书馆服务的社区公民，不分种族、肤色、国籍、年龄、性别、语言、身份或教育程度，都享有成为图书馆用户的平等权利，享有使用图书馆信息资源的平等权利，享有使用图书馆各项服务的平等权利。这既是人类社会的基本价值观，也是人类社会和图书馆事业发展的必然结果。

在某种程度上，现代图书馆的发展过程基本上是世界上图书馆逐渐走向开放和共享的过程，开放和共享的过程本质上是逐步使图书馆用户拥有同等的访问权限。只有在图书馆用户充分享有平等的图书馆使用权的前提下，图书馆信息资源服务才能实现真正意义上的健康发展。

只有充分保障和保护上述读者的权利，才能实现图书馆服务的平等原则。"读者的权利不可侵犯"应该是所有图书馆员应该牢记的职业信念。

7. 自由原则

自由原则是图书馆服务的关键原则。没有平等权利，就不可能有自由权利，如果只有平等权利而没有自由权利，那么平等权利则不是真正意义上的平等权利。

（1）自由权利。图书馆使用者应当享有免费使用图书馆信息资源的基本权利。一方面，图书馆用户应该能够自由地使用图书馆的信息资源，即图书馆用户可以自由地搜索和获取各种内容、类型和形式的信息资源。另一方面，图书馆应充分保护图书馆用户自由使用信息资源的权利：第一，图书馆不应对图书馆用户进行各种形式的审查，如用户使用图书馆信息资源的动机和目的、用户所使用信息资源的内容等；第二，图书馆应坚持公开开放的原则，将图书馆信息资源开放给用户使用，不应对收集的信息资源进行审查，或对收集的信息资源进行分类使用，从而限制用户的自由使用；第三，图书馆应自觉抵制各种非法审查行为，不受任何商业压力影响，如不因为得到公司或利益集团各种形式的赞助而限制或改变图书馆信息资源的使用方式。

（2）合理使用。确保国家和用户的利益不受损害是保护用户自由使用图书馆权利的前提。在任何时间、任何地点都没有绝对的自由，使用图书馆的自由也不例外。也就是说，自由使用必须以合法使用和合理使用为基本前提。第一，图书馆在向用户提供免费使用信息资源的过程中，必须遵守国家的法律制度，自觉维护国家的利益，自觉抵制各种违法犯罪行为。同样，图书馆用户在免费使用图书馆的过程中必须遵守国家法律制度，不损害国家利益，不损害信息安全，不违反法律法规。第二，图书馆应自觉保护图书馆用户使用信息资源的隐私，如不泄露图书馆用户的身份信息、不泄露图书馆用户使用信息资源的信息等。同样，图书馆用户应该尊重其他用户的隐私。第三，图书馆在提供信息资源服务过程中要充分尊重和保护知识产权，自觉抵制各种盗版行为。同样，图书馆用户在使用信息资源的过程中应充分尊重和保护知识产权，不得非法复制信息资源、恶意下载信息资源、滥用信息资源。

8.创新原则

图书馆服务创新包括内容创新、理念创新、方式方法创新等多方面内容。

（1）内容创新。从图书馆服务发展趋势看，图书馆服务的内容急需扩大。其主要趋势是加大信息服务和便民服务的内容。在信息服务方面，主要是扩大网上信息导航服务内容。在便民服务方面，加大为社区服务的力度，其内容包括职业介绍、购物指南、技能培训指南、市政服务咨询、家政服务咨询等。在文献信息服务方面也要创新，主要是加大参考咨询服务的力度，努力从文献服务向知识服务演进，提高图书馆服务的知识含量。

（2）理念创新。服务就是品牌。先进的服务理念是创新的基础。当前，图书馆服务创新应侧重于三个方面。

①服务是一种文化。图书馆服务有其独特的规范和价值观，这些规范和价值观的总和就是一种文化——图书馆文化。图书馆独特的知识底蕴、独特的文化环境、独特的行业规范和独特的价值追求，无不映衬着图书馆服务的道德品格。这种文化品格象征着图书馆服务的高贵典雅、神圣光荣。

②服务是一种获得。图书馆服务就是要获得知识传递的轨迹，获得提高公民素质的价值，获得满足读者需求的效果，获得实现人生价值的喜悦。图书馆服务赋予图书馆员崇高的荣誉、真诚的尊重、奉献的舒适和艰辛的价值。

③如果一个图书馆能够通过自身的独特性在同行业中形成差异化的

优势，或者一定的规模和收藏，或者某一信息产品，或某一特色服务，那么这个优势就是品牌。深圳图书馆的剪报服务和上海图书馆的 CS（顾客满意）管理服务就是一种品牌服务，突出了服务的特点。特色馆藏、特色服务、特色活动、特色环境等可以形成图书馆独特的品牌。

（3）方式方法创新。方式方法创新就是改变以往单一的馆藏文献的外借与内阅服务模式，利用现代网络平台，提供各种数据库服务、知识库服务以及多种在线或离线信息服务，如信息推送、知识发现、网络呼叫、智能代理等服务。这些服务方式方法具有较强的智能性、实时性、交互性等特征，能够提供全新的个性化服务。这种能够同时提供实体馆藏与虚拟馆藏服务的模式，极大地丰富了图书馆服务的内容，强化了图书馆服务的能力。

9.满意原则

读者对图书馆服务是否满意，属于读者的主体评价范畴，即属于读者（主体）对图书馆（客体）所做的评价范畴。读者是否满意及其程度如何，是衡量图书馆服务质量的最终标准。满意原则是图书馆服务诸原则中的核心原则。近年来在图书馆界备受青睐的 CS 理论，可以说是对图书馆服务之读者满意原则的极好注释。

图书馆 CS 管理建立了一种以读者为导向，以追求读者满意为根本精神，以社会和读者期望为理想目标的管理模式。它包括图书馆理念满意（MS）、图书馆行为满意（BS）和图书馆视觉满意（VS）三个方面。图书馆理念满意是图书馆的宗旨和管理策略给读者带来的心理上的满意。其核心在于正确的读者观，"一切为了读者满意"是其精神实质。图书馆的行为满意是指图书馆的行为状况带给读者心理上的满意，是图书馆满意思想的外在表现，包括对行为模式、行为标准和行为效果的满意。图书馆工作人员的服务态度是图书馆行为是否令读者满意的最直接表现。视觉满意是图书馆各种各样的给读者的心理满意状态，它包括对所有图书馆设施的性能和颜色的满意，对员工职业形象、业务形象满意，它是图书馆理念的视觉化形式。

10.科学服务原则

科学服务就是遵循图书馆服务的自身规律，按照科学的思想，以科学的态度、科学的方法、科学的管理措施，组织和开展图书馆的服务活动。这是图书馆服务工作的基本要求，也是图书馆服务学术性、理论性的具体体现。

科学的思想，是指在图书馆服务工作中，要着眼于全局，善于运用全面的、联系的、发展的观点去认识问题、解决问题，以开发图书馆资源，充分和有效地满足用户的各种需求为依据，加强各方面的联系，做好协调工作，不断解决矛盾。

科学的态度，就是要实事求是，一切从实际出发，讲究实效，不追求表面形式，创造性地将社会的文献信息需求与图书馆的实际条件结合起来进行研究，切实满足各方面的需求。

科学的方法，就是要理论联系实际，采用先进的、实用的、有效的方法，提高工作效率和服务质量。

科学的管理措施是顺利开展服务工作的保证。执行图书馆的规章制度时既有原则性，又有灵活性，一切以图书馆服务对象的利益为出发点。

在上述图书馆服务的原则中，满意原则是核心原则，或称最高原则；开放原则是其他四项原则的基础或平台，它体现的是现代图书馆服务的基本方向；省力原则体现的是现代图书馆服务的内在品质；平等原则体现的是现代图书馆服务的人性化方向；创新原则体现的是现代图书馆服务的可持续发展及其动力；满意原则体现的是现代图书馆服务的终极目标。

11.资源共享原则

关于资源共享的概念，图书馆界的有识之士早在20世纪五六十年代就正式提出了基本的观点，他们认为资源共享是指图书馆与图书馆之间的关系，即图书馆之间相互分享各自的资源，为读者或用户提供更多的服务。资源共享是当今图书馆事业发展的一个重要课题，也是用户服务工作的基本原则。后来，这个概念在原来的基础上又有延伸和发展。例如，美国匹兹堡大学教授肯特认为："资源共享是图书馆的一种工作方式，即图书馆的全部或部分功能为许多图书馆所共享。"他还认为，图书馆资源不仅仅是藏书，图书馆所拥有的人员、设备、工作成果等都是资源，因而也可以某种方式为许多图书馆所共享。关于资源共享的目的，肯特认为有两个方面：一方面是使图书馆的用户获得更多的文献资料；另一方面是为图书馆的用户提供更多的服务，而且这种服务所需支付的费用比单个图书馆所支付的费用要少得多。

在图书馆用户工作中坚持资源共享原则，对单个的图书馆而言，可以变"一馆之藏"为"地区之藏""国家之藏"以至"世界之藏"，从而更加充分地发挥馆藏文献信息资源的作用。对图书馆事业而言，则可以在尽可能地减轻单个图书馆负担的基础上，充分发挥图书馆事业的群体作用，用群体的集合力量为社会上的广大读者提供质量更高、效果更好的服务，从而极大地提高图书馆事业在社会中的地位和发挥其知识宝库的重要作用。为此，不同系统、不同级次的图书馆，都要从为人类文明的进步多做贡献的高度考虑，认真地、积极地加强图书馆之间的联合和合作，把资源共享这个图书馆的重点课题做好。

二、图书馆服务理念的创新

（一）图书馆服务理念创新的必要性

从社会发展的总体要求来看，图书馆必须进行服务理念创新。在信息社会，图书馆的生存面临着诸多挑战。图书馆服务工作是一项内容丰富、意义重大的工作。它是图书馆工作的重要组成部分，是图书馆组织与社会、用户之间的桥梁，是图书馆工作最终价值的体现，是图书馆工作的出发点和最终目标。如今，人们不仅可以收听各种广播和电视节目，还可以利用网络图书馆获取各种信息，甚至可以通过网络书店购买书籍和期刊。各种搜索引擎相继出现，改变了人们获取信息的方式。人们可以通过搜索引擎免费获得各种他们需要的信息。大量社会信息服务机构的出现，打破了仅图书馆提供信息服务的局面，人们获取信息的方式和手段变多了。随着人类社会进入信息时代，人们预测数字图书馆将取代传统图书馆，电子书将取代纸质书。事实上，数字图书馆并没有取代传统图书馆，电子书也没有取代纸质书。在信息时代，图书馆必须加强自身建设，树立新的服务理念，以适应社会发展的要求。总之，图书馆服务工作要满足读者（用户）的需要，图书馆界应进一步探索图书馆服务工作的规律和特点，创新图书馆服务的理念，使图书馆服务工作迈上一个新台阶。

进入 21 世纪以来，信息技术日新月异，知识的交换、传播和创造方式发生了颠覆性的变化。通过网络获取资源已成为用户获取信息的首选。信息用户将绕过传统的图书馆，直接获取信息。图书馆要实现科学发展，必须解放思想，开拓创新。服务是图书馆的生命线，理念是图书馆一切行为的指南，图书馆必须创新服务理念，突出服务竞争优势，以适应时代发展的需要。

（二）图书馆服务理念创新的实质和内容

图书馆服务理念的创新是更新观念，使图书馆工作人员积极为信息使用者提供信息服务，以提高服务质量为标准。创新的本质是"一切为了读者"，这主要体现在服务内容的丰富和完善上。

信息时代，知识更新的速度不断加快，为用户提供的信息内容只有满足"快""新""好"的要求时，才能称为真正意义上的服务创新，因此，图书馆必须深化信息服务内容，充分挖掘实体资源和虚拟网络资源的内在价值，使两者相辅相成，满足不同层次读者的需求，这是图书馆服务理念创新的重要内容。

图书馆服务理念创新是相对于传统而言的。创新不一定是对传统的批判或抛弃，更不应是盲目的标新立异，而应是在继承、发扬传统的基础上的创新。图书馆服务理念的创新主要包括以下几个方面。

1. 以用户为中心的理念

一个人，无论在世界的哪个角落，只要点击了某一图书馆的网站，他就是该图书馆的用户。图书馆服务的本质就是为了利用，其以用户为中心，把社会上的每一个人作为图书馆的服务对象或潜在的服务对象，是为了所有使用图书馆的人。随着网上图书馆的发展，图书馆用户不再局限于本地用户，而是遍布天涯海角。网络时代，图书馆用户到底有多少，不仅包括根据发出的借书证统计得到的人数，还包括访问网上图书馆的人数。用户服务已经突破了传统"读者服务"的人数、时间与空间的限制。

2. 从"读者第一"到"用户第一"理念

对整个图书馆服务来说，读者至上是永远正确的，始终是最重要的，我们必须努力地做到这一点。21世纪的图书馆不仅仅要考虑"读者第一"，更要考虑"用户第一"。不仅重视人们对图书馆的阅读需求，还要重视人们对设备、氛围等的需求；图书馆不只为本地区、本部门的用户服务，还要为本地区、本部门以外的所有人服务。有了"用户第一"的理念，就可以反思现行图书馆服务的许多做法。图书馆要改善服务，既要改善阅读条件，吸引读者到图书馆来阅读，也要改善其他条件，吸引用户到图书馆来享受图书馆的所有资源。

3. 以人为本，从心开始

图书馆的服务要以人为本，要处处把人放在最重要的位置。人性化服务以尊重人、理解人为前提，充分考虑人的需求，最大限度地给人自由的空间。过去，重点放在制度上。现在，重点放在人性上。制度是基础，人性化是方向，两者必须结合。例如，香港城市大学图书馆看起来就像一个家。图书馆门口一侧有一个嵌入的还书箱，图书馆提供咨询和阅读服务，阅览室有各种阅读桌椅，桌子旁边有沙发和小圆桌，可以看报纸、读书或使用电脑，每个桌子旁边配有废纸篓，旁边的墙上也有很多挂衣服的挂钩，让读者感到很舒适，很温暖。因此，人性化服务不是一句口号，而是一种具体的行动，是要从细节处为用户提供服务。

无论时代如何变迁，"人"是永恒的主题，无论环境变得多么复杂和智能化，一切活动仍然需要有人参与，无论人们从事什么样的活动，都需要从"心"开始。智能技术的广泛应用，使人们获取信息更加方便快捷。然而，人们也意识到，虽然技术给人们带来了便利，但也有一个缺陷，那就是人文环境的缺乏，以及虚拟交流会对人们心理和生理产生负面的影响。因此，现代图书馆不仅要注重利用先进技术提高服务质量，更要重视和实践图书馆"以人为本"的服务理念，加强图书馆人文环境的建设。

人总是在某种情绪和意志的影响下从事实践活动。积极的情绪会给人们的工作注入新的活力，促进工作向更好的方向发展。相反，消极情绪会阻碍工作的顺利进行，就像图书馆工作一样。因此，以人为本，最简单的含义就是关注人的情绪，从而鼓励人在积极的情绪状态下工作。因此，以人为本，就是要注重个人价值在集体中的体现。周国平曾经说过，人生最大的享受都依赖于心灵的能力，这是金钱买不到的。中国最著名的管理专家王玉坤曾经说过："生活是一个不断完善我们心灵的过程。"因此，以人为本，也就意味着关注人心灵的成长。

总而言之，现代图书馆的服务理念是"以人为本，从'心'开始"，即图书馆在服务过程中应更加注重用户需求，辩证看待和处理图书馆员与用户的关系。图书馆在服务过程中不仅实践了"以用户为本，以用户需求为导向"的理念，同时采取了相应的措施来关注用户的精神成长，如对读者实施冥想教育，让读者得到精神启蒙，教读者学会认识自己的心理变化和情绪变化，促进自己的成长。此外，图书馆要关爱图书馆员，满足图书馆员的物质和心理需求，为图书馆员创造终身学习的环境，激发图书馆员的敬业精神和创新精神，使图书馆员在工作中获得成就感和归属感。每一个图书馆从业者都应该明白：图书馆发展的终极目标是图书馆和领导人、图书馆员、用户之间形成强大的凝聚力，建立相互信任的关系，图书馆员不再只是一个学科馆员，用户不再是图书馆员服务的对象，现代图书馆不仅追求全体馆员的物质幸福和精神幸福，还引导用户走向自觉、自知、自信、自我完善，实现精神成长。

4.用户参与，资源共建

武志红曾经说过，在一个关系里，如果对方只是得到而没付出，他自然就不会太在乎这个关系了。可见，只有图书馆"一厢情愿"地为用户提供丰富的软硬件资源和各类服务是不够的。长期以来，我们关注的是我们能为用户提供什么，而不是用户能为我们提供什么，用户能为其他用户提供什么。我们缺少的是 Web2.0 所倡导的用户主导、用户参与、用户共享和用户创造的核心理念。泛在智能的产生与应用将改变信息传播与利用方式，使数字图书馆知识服务以用户为中心的核心价值观更加凸显，并着重强调用户参与和互动。因此，在无处不在的知识环境下，图书馆的发展将这一理念贯穿于图书馆资源建设和服务的全过程，通过运用网络、多媒体等相关技术的智能化，让用户付出时间和精力，真正参与到图书馆的资源建设中来，这样才能让用户开始关注和关心图书馆的资源建设情况，并愿意分享其建设的成果。

邀请用户参与图书馆资源建设不是随意的，而是有针对性的，其目的是通过一个用户了解其他用户的真实需求，使一些用户成为图书管理员和图书馆用户之间沟通的桥梁，因为用户在面对用户时可以很容易地了解对方的真实需求，有专业知识和技能的用户和图书馆员可以合作建立专题信息，这也可以提高图书馆资源的利用率。无处不在的知识环境的不断发展使人们成为信息收集、接收、处理、分发的节点和服务单位，"Living Library" 志愿者也为图书馆的资源建设提供人力资源支持，这些因素使得图书馆邀请用户参与资源建设的理念更有可能得到落实。用户参与图书馆资源建设的方法如下：图书馆利用 Myspace、Facebook、Wiki、豆瓣等构建图书馆用户的交流社区，使分散在不同应用系统之间的个人输出的知识不断积累，为图书馆积累了丰富的资源。

在邀请用户参与图书馆资源建设的同时，图书馆应积极配合有关单位进行图书馆资源建设，从而解决资金短缺、空间有限、技术设备相对不足的问题。具体方法如下：首先，各图书馆应根据自身情况，合理购买用户所需的论文和数字资源作为基本保障；其次，加强对网络与重点学科相关的网站和各种网络数字资源的收集，建立专题知识库，丰富图书馆藏书；最后，在运用利益平衡机制的前提下，通过建立联盟、合理采购和共建共享资源，现代图书馆应打破实体图书馆与数字图书馆的界限，以优化图书馆馆藏资源体系。积极利用数字图书馆，可以发挥传统图书馆所具有的收集、组织、分析信息、传播等功能，还可以发挥智能挖掘技术优势，建立各类数字资源体系。此外，图书馆还应加强和其他信息服务提供者，如新闻、数据库和网络服务提供商以及电信部门的跨境合作，实现对资源、设备的充分利用，从而满足用户在无所不在的知识环境中的信息需求。

5. 单体联合，实虚结合

在全媒体时代，图书馆的"本体"不仅包括图书馆的物理本体，还包括网络环境中物理本体的一小部分以及与其相对应的虚拟本体。也就是说，我们不仅要关注图书馆的硬件和软件的资源配置，还应建立信息共享空间，如兴趣学习小组、精品图书阅览组、专家咨询组、主题服务组、资源导航组等，并在网络上建立相应的虚拟社区，以实现图书馆"实虚结合"的建设理念。为了适应全媒体时代图书馆资源和服务的无所不在的特点，图书馆还需要利用开源软件、语义网、Web2.0等相关技术，开发能提供图书馆资源和服务的客户端软件，用户可以在他们常用的设备或智能手机上安装；使用户不必访问图书馆网站就可以直接获得图书馆相关的资源和服务。

与此同时，我们也必须清楚，全媒体时代图书馆各项工作的目的不仅仅是为图书馆带来经济效益，还为充分发挥图书馆信息资源和人才优势，让用户更了解图书馆，最后让他们愿意接受图书馆提供的各种服务，使图书馆的资源和服务发挥更大的社会效益。因此，也就需要有图书馆圈内的联盟，同时与相关的服务组织，以联盟的形式为用户提供各种服务。这个联盟并不是一个简单的联盟，而是打破以往各图书馆独立提供服务的局面，采用不同图书馆的不同馆员组成不同的、独立领导的服务群体，采用灵活的服务模式，提供更加丰富的服务内容，即根据图书馆服务的类型、目标、兴趣等领域的不同，将所有新闻专业图书馆联盟的成员、兴趣、年龄、能力等划分为许多独立服务的派系。

6. 树立知识服务理念

知识服务是一种新的服务理念，它注重信息资源的深度开发利用和知识资源的增值。与传统的信息服务相比，其区别如下：①传统信息服务侧重于为用户提供信息资源，而知识服务侧重于为用户解决问题。②传统的信息服务只关注用户简单的问题，满足用户的文献需求。知识服务是一种逻辑获取服务，通过对信息的分析和重组形成新的知识产品。③传统的信息服务致力于为用户提供特定的文献信息，而知识服务则致力于帮助用户寻求或形成"解决方案"。④知识服务注重服务的增值，希望利用自身的知识和能力为用户提供具有独特价值的信息产品。然而，传统的信息服务更多的是基于对资源的占有，图书馆员通过"劳动"来体现自身的价值。因此，知识服务要求图书馆员努力成为"多面手"，将分散在相关领域的专业知识精细化，形成满足用户需求的"知识精品"。

7.树立竞争意识，提高馆员素质

随着社会文明和科技的进步，图书馆的服务理念也在不断发展，越来越要求图书馆工作人员从多角度、最大限度地为信息用户提供更好的服务，以满足用户多样化的信息需求。因此，对图书馆员的素质提出了更高的要求。

从道德上看，图书馆员首先要树立正确的职业观。图书馆是一个"成长"的有机体，馆员的专业观也应随着图书馆的"成长"而发展和完善。图书馆员需注重服务和人文关怀，尊重知识、追求真理，热爱图书馆，倡导阅读，社会成员享有平等的图书馆服务使用权，倡导合作与技术创新，倡导宽容与公平的职业价值观。其次，培养良好的职业心态，增强职业认同感。从某种意义上说，图书馆员是在为别人做"嫁妆"。无论在传统的手工条件下，还是在网络时代，只有秉持服务和奉献的精神，将图书馆工作作为一项事业来看待，才有可能成为一名优秀的图书馆员。最后，图书馆员要有事业心。在信息社会中，图书馆面临着信息服务竞争、流失读者等诸多挑战，图书馆员只有具有强烈的竞争意识，具有强烈的责任感，才会把更多的精力投入到工作中，继续提高业务能力，发现工作中存在的问题，寻找解决问题的方法。

从能力上看，图书馆员具有信息获取能力、信息深度处理能力和信息传递能力。随着科学技术的发展，当代科学技术在图书馆工作中得到了广泛的应用，因此，图书馆员要熟悉最新的技术，具有广泛的知识面、一定的学术研究能力、一定的反思能力、敏锐的信息捕捉能力，开展深度信息服务，并利用现代信息技术为用户提供服务，成为用户的信息导航员。在信息泛滥的今天，只有全面提高全社会的信息素养，才能真正推动社会的进步。在图书馆服务中，图书馆员不仅要提高自身的信息素养，更要充当信息教育者。授人以鱼，不如授人以渔。图书馆员通过自身的努力，可以促进公众信息素养的提高和社会文明的发展。

8. 服务理念创新

所谓"服务理念创新"，是指服务理念要不断适应原有理念所依赖的条件和机制的变化。随着信息技术的飞速发展和现代服务手段的运用，图书馆的服务效率不断提升，图书馆的服务内容不断丰富，确实给读者和用户带来了很多便利。

无论未来科技手段如何发展，实体图书馆如何现代化，服务始终是贯穿图书馆发展过程的主线。然而，不同发展阶段，用户和社会对服务的要求会有很大的不同，服务的概念也会有根本性的转变。服务理念创新必须遵循三个基本原则，即国家指导原则、市场调节原则和图书馆自主发展原则。

从事业单位的分类来看，图书馆一般是以国家投资为主体的公益性事业单位。在遵循市场经济规律的前提下，加强国家宏观调控，是世界图书馆事业发展的普遍规律。随着我国社会主义市场经济体制的发展和完善，国家对图书馆的作用将越来越间接，限制的范围也将大大缩小，这意味着图书馆将有更广泛的发展空间，图书馆必将逐渐走上独立发展之路。从某种意义上说，图书馆现代化的过程就是一个建立竞争机制的过程。没有竞争，就没有图书馆的现代化。竞争是图书馆效率和效益的内在要求，是推动图书馆快速发展的需要。也就是说，提高服务水平是所有图书馆工作的根本出发点，首先要有读者第一、为读者服务的概念，满足读者的需求，不断提高图书馆的社会效益。

从图书馆服务的发展趋势来看，图书馆服务的内容亟待拓展，其重点是加强知识服务，为用户提供方便。在知识服务方面，增加信息导航服务和咨询服务的内容。在用户便捷性方面，加强了对社区和校外用户的服务，包括就业介绍、市场动态信息、技能培训指导、市政服务咨询、家政服务咨询等。在文献信息服务方面也要创新，主要是加大咨询服务力度，实现文献信息服务向知识服务的跨越，增加图书馆服务中的信息知识内容。网络环境的形成扩大了图书馆可利用资源的范围。图书馆信息资源不应局限于图书馆原始印刷的文献信息，还应扩展到服务器上可被网络检索和共享的其他信息资源。随着互联网的普及，人们的信息意识日益增强，信息需求逐渐变得多样化。过去，服务内容一般停留在浅层处理服务，即提供一两个文档服务。以创新服务内容，扩大服务范围，图书馆必须进行深度开发和充分利用文献信息，因此，图书馆应对文献材料进行深加工，对其进行综合分析、比较，并进行定性和定量研究。

9.营销服务理念

营销服务需要图书馆全员的共同参与。图书馆领导在细节营销服务中的作用是至关重要的。图书馆领导是否具备营销观念、是否重视细节是图书馆开展细节服务的前提。图书馆领导往往更重视如何去发展，容易忽略已经有所发展的、有基础的、看似简单却不容易做好的日常工作，然而它们却是图书馆发展的重要组成部分。因为只有通过各种规章制度将细节制度化、规范化，建立各种"反馈""激励"机制，才能确保营销服务深入开展。中层管理人员应该将工作重点放在如何让细节不断完善上，同时还应做好培训工作，营造和谐的服务文化氛围。一线工作人员工作重点是用心做好本岗位的营销服务工作。总之，营销服务只有领导重视、基层执行有力，才能体现其精髓。

10."零服务"理念

"零服务"是从企业管理中提取出来的概念，指出没有（不需要）售后服务就是最好的服务。后来，人们把这一理念应用到服务领域。"零服务"包括"零距离""零缺陷"和"零投诉"服务。从图书馆读者服务的角度来看，"零距离"服务要求图书馆服务人员（馆员）与服务对象（读者）之间真诚、信任，为服务对象（读者）提供温暖、高效的服务。图书馆员可以与读者交朋友，建立信任关系，使读者在图书馆服务中感受到图书馆员服务的人情味，从而提高读者满意度。"零缺陷"服务要求图书馆为读者提供无微不至的服务。"零投诉"服务是图书馆服务最高的追求，通过有效的服务，减少读者投诉直至"零投诉"。近年来，虽然图书馆在服务方式上有所改进，但在服务读者的过程中仍存在许多令人不满意的地方。例如，一些图书馆员与读者缺乏有效的沟通，甚至由于服务态度不好而与读者发生一些冲突。面对无法满足读者需求的情况，图书馆员应该耐心地解释原因，真诚地请求读者理解，努力为读者解决问题。如果一些读者需要一些书，但这本书已经借给其他读者，图书管理员要耐心向读者解释原因，并向读者提供电子版书籍或推荐相关书籍。用"零距离""零缺陷""零投诉"的服务理念来指导图书馆的读者服务工作，既能满足读者对知识的需求，又能使读者获得愉快的服务体验。为了贯彻"零距离""零缺陷""零投诉"的服务理念，图书馆必须加强图书馆员的培训，提高服务质量，提高读者满意度，贯彻"零距离""零缺陷""零投诉"的图书馆服务理念。

11."精细化服务"理念

精细化服务就是人性化服务，真正以客户为中心；精细化服务就是优质服务，在用户群中很受欢迎；精细化服务就是超值的服务，使顾客获得超值的服务；精细化服务就是一种创新服务，服务模式灵活多变。精细化服务注重细节，强调人性化，以客户为中心，根据客户需求提供服务。总之，优良的服务理念强调对客户的贴心服务，用爱心、真诚和耐心为客户提供超越心理预期、超越常规、令其满意的优质服务，采用灵活的服务模式，在细节处对客户表示尊重，用真诚换取客户的信任，正确处理客户投诉，为客户着想，了解顾客心理，热情、积极地对待不同个性的客户，从小事做起，提供到位的服务。图书馆既要有良好的信息产品，也要提供良好的服务。图书馆不仅要引入数据库，建立检索系统，还要宣传数据库的功能，对读者进行培训，使读者能够通过数据库找到自己需要的信息。为此，图书馆通过文献检索课、新生教育、电子资源利用讲座、宣传册、问卷调查、网上答疑、首页滚动信息、手机短信、校报、口头宣传等，对馆藏资源、馆藏结构布局、馆藏检索方式、馆藏利用方式、图书馆规章制度以及文献传递、馆际互借、科技更新等深层次服务项目和方式进行多层次、全方位地宣传，提供个性化定制和推送服务。通过宣传，使读者了解现代图书馆的服务内容，在读者心中树立图书馆的良好形象，赢得读者的信任和好感。通过宣传，图书馆每日借阅量增加，电子资源的使用量也在增加。可见，做好图书馆工作可以提高图书馆的利用率。精细化服务理念应该贯穿图书馆服务的全过程，让读者真正体会到图书馆服务的人性化。

三、图书馆服务平台及其构建

（一）图书馆服务平台

作为新一代图书馆管理系统，图书馆服务平台希望解决以下问题：纸质文献与数字馆藏的统一管理；用户界面功能改进；与其他系统的互操作性。此外，图书馆服务平台将充分利用最新的计算技术和架构，特别是云计算技术，以降低平台的维护成本。

图书馆服务平台是图书馆员进行数据挖掘，知识发现，文献内容分析，服务提供、控制、管理和协调的操作系统。它是用户交换信息、获取知识、利用知识和创新知识的操作系统。它是一个将知识资源集成和服务的平台。它是直接影响服务效果的因素，也是图书馆系统功能实现的关键。现代图书馆服务平台一般由用户需求平台、用户教育平台、统一检索平台、协调共享平台、技术支持平台等子平台组成。各子平台通过各自的功能共同构建和实现现代图书馆服务的机制和目标。

在网络信息资源十分丰富的环境下，信息资源已经实现了共享，资源空前丰富，在利用信息资源时，用户没有不想尽可能找到完全能满足他的需要的文献资源需求。这和传统图书馆工作的性质不同，过去只有在图书馆或某个范围内能完全满足用户的需求，而在网络环境下，用户没有时间和区域的限制。

在网络信息时代，用户信息需求的内容呈现出微观性和实践性的特点。随着知识经济的迅速发展，文献数量迅速增加，各学科的发展相互交叉渗透，高度集成化和专业化。因此，新的学科不断涌现，导致文档中的知识内容相互交叉，难以排序。为了适应知识经济的发展，用户不再满足对文档的需求，而是对文档中所包含的知识内容的需求，从文档需求转向知识单元需求。用户对信息的需求可以精确到某一公式、某一数据、某一价格等知识点，呈现出微观趋势。在知识经济时代，越来越多的用户想要获得信息，知识能迅速转化为经济效益，用户对实用的技术信息比对抽象的基础理论更感兴趣，对一些新兴学科（如经济、旅游等）的信息需求也在不断增长，对历史、哲学等一些传统人文学科的信息需求逐渐缩小，用户的信息需求越来越实用。

1.用户知识需求特点

（1）高校教师知识需求特点。①全面性、系统性。高校教师在教学过程中十分注重信息的系统性、连续性和回溯性。②知识性、权威性。高校教师进行课题研究时，往往十分注重"名家"之说，注重收集专家学者的研究成果，注重学科范围内相关核心期刊的阅读，注重信息在学术领域的影响力。因此，高校教师的知识需求还具有权威性特点。③专业性、前沿性和精品性。教师围绕特定的专业问题开展教学和科研活动，他们依据课题研究的需要在网上浏览或检索信息，因此具有很强的专业性。教师对文献资料具有强烈求新、求快、求先的欲望，为了使自己的科研成果具有较高的价值，他们总想捷足先登，希望获得最新的情报，跟踪本学科的动态发展，因此他们所需的信息必须能反映学科最前沿。网络信息的快速增长，在给人们带来便利的同时，也造成了网络信息参差不齐、信息冗余、信息污染等问题，因此如何在有限的时间内，在浩渺的信息资源中获取有较高价值的信息，就成为高校教师高度关注的问题。在这种情况下，教师的信息精品意识表现得尤为突出。

（2）高校学生信息需求特点。大学生的信息需求呈现出多样性、针对性、快捷性、时尚性特点。他们除了需要本学科、本专业或相关学科领域内的信息外，还需要完善知识结构，提高文化素养和生活品位，需要政治、经济、文化、教育、体育、金融、休闲、娱乐、旅游、消遣等方面的综合性信息。每个大学生都有自己的专业背景和不同的经历，从而形成了自己特有的喜好，因此获取信息时一般有较强的针对性和目的性，访问网站和获取的信息内容会随时间逐渐固定下来，但相关的研究显示，他们获取信息也有一定的随意性。大学生在获取信息时追求快捷性，喜欢使用最快、最简便的方法查找自己所需要的信息，他们经常通过搜索引擎和论坛寻求解决现实中无法解决的问题的方法。他们年轻时尚，总想了解社会上出现的新潮流和新鲜事物，以使自己能赶上时代的步伐。

（3）公共图书馆用户信息需求特点。网络环境下公共图书馆用户信息需求具有如下特点：一是信息需求的广泛性主要表现为时空广泛性、内容广泛性和形态广泛性。二是信息需求内容的实用性。更多的是用户希望获得的信息具有实用价值，他们更注重于实用的技术信息。三是信息需求方式的多样化。用户已不满足于在某一图书馆查找信息，而是希望在最短的时间内查找到所有相关的信息。大多数信息用户更愿意通过网络方式获得信息。

①网络信息需求的多样性。网络信息的多样性为用户越来越多样化的信息需求的满足提供了可能。在知识经济时代，每一个用户在社会中扮演不同的角色，同一用户有着不同的需求，用户的信息需求呈现多样化的趋势。用户信息需求的多样性表现在以下几方面：一是需求内容的多样性，包括本学科、本领域的信息和其他众多学科领域的综合性信息。二是需求文献类型多样性。载体上从印刷型到缩微型；形式上从图书和期刊转向科技报告、产品样本、技术标准、专利文献及"灰色信息"；在形态上从文字型转向声像型、机读型的多媒体信息，特别是网上极其丰富的信息资源，成为用户的最佳选择之一。三是需求来源的多样性。信息来源不限于本单位、本地区，信息可以来自全国，来自世界各地。

四是信息语种的多样性，有中文、英文、德文、法文等各语种信息。五是需求信息的时间跨度的多样性，一方面需要当前的动态信息，另一方面需要近期或过去较长一段时间的回溯性、历史性信息资源。

②网络信息需求的即时性、动态性。网络环境使社会进入了高速高效的时代，人们的工作和生活节奏大大加快，从而创造了一种新型的用户，即用户对知识和信息的使用发生了变化。由于信息资源的网络传播，用户的需求信息和反馈信息可以快速传播和获取。用户和提供者可以借助网络进行反复沟通，即时沟通可以保证信息需求和服务组织提供的服务之间的高度协调。信息和知识的生产、流通和使用发生了新的变化。随着科学技术的不断创新，知识的老化步伐加快，技术成果的应用周期缩短，用户需求的频率也随之改变。虽然网络信息用户因行业、职业、身份、年龄、性别、教育程度、地域等不同而对网络信息有不同的需求，但他们同样都面临着知识经济时代。在这个黄金时代，日新月异的知识是财富，掌握最新、最快、最有价值的知识信息是取胜的法宝。例如，处于不同岗位的人们需要了解与职业相关的动态信息和知识来满足工作的需要，研究人员需要密切跟踪他们的研究主题的最新进展，使自己的研究方向更科学，避免重复研究，所以需要掌握最新的科技信息。

网络终端用户还可以将自己的新成果、新作品、新技术等信息输入计算机，并上传到网络服务器，供其他用户参考和使用，起到公告板的作用。网络用户成为网络信息的创造者，可以促进信息资源的深入开发和广泛应用，产生更大的增值效应。

③网络信息需求失衡。在网络环境下，由于计算机的不断发展，一些用户很容易为从事个人的研究和满足自己的兴趣而查找资料，这也使一部分用户的需求趋向专门化和特殊化。他们的需求和普通用户有质的区别，不仅收集大量有用的东西，还总是跟踪最新的发展方向和动态，补充他们的数据，他们需要更个性化的信息。另一部分人由于缺乏获取网络资源的途径，又受行业限制，只需要很少的信息，从长远来看，对信息需求的意识较弱，就会走向另一个极端。"马太效应"更可能出现

在互联网上。

④网络用户信息需求更具个性化。随着信息资源的逐渐网络化，信息用户将被包裹在一个巨大的信息网络中，从而具有足够的获取信息的能力。信息网络正是这样一种快速沟通的工具。现代信息服务是以用户为中心的。网络信息服务组织提高信息服务针对性或个性化的关键在于及时与用户进行信息交流，在多次交流过程中挖掘用户的真实需求，并根据不同类别提供完全个性化、多层次的服务，使他们找到的网络信息资源更有针对性、更具个性化。因此，网络信息服务具有传统信息服务所不具备的双向性，用户可以更多地参与到信息服务过程中，从而加速了个性化服务时代的到来。

2.用户教育平台

图书馆信息资源的构成丰富多样，一方面，它可以更好地满足用户的信息需求。另一方面，它也给用户提出了一个新的问题，即如何有效地利用这些新技术开发的信息资源（虚拟馆藏）。因此，图书馆应开展用户教育，让用户掌握使用这些信息资源的技巧和方法。只有这样才能合理地利用资源，更好地满足用户的信息需求，使用户可以得到信息，充分利用信息，可见图书馆开展用户教育是十分必要的。

图书馆是信息中心，在网络环境下，图书馆的地位不会被削弱，而是会进一步提高。在传统环境下，图书馆的信息资源主要局限于图书、期刊、缩微印刷品等，而在网络环境下，随着图书馆接入互联网，资源结构也发生了变化，除了传统的图书馆信息资源外，还有从传统的图书馆信息资源中派生出来的书目数据库、光盘数据库、其他特色数据库以及其他信息资源（真实馆藏），它还包括一个更大更重要的虚拟馆藏，即图书馆可以通过互联网向用户提供的资源。网络给图书馆带来了更加丰富的信息资源，这部分虚拟资源也是满足用户在网络环境下工作、学习和科研中信息需求的主要渠道。

由于网络的介入，图书馆的资源构成发生了变化，馆藏的重点转移到了虚拟资源上。在信息和网络环境下，传统的信息数量的增加将会低于网络和数字信息，大部分图书馆将共享网络信息。因此，图书馆在拥有知识和信息的优势被大大削弱的情况下，必须重新定位自己，改变自己的工作方式，改变自己在新环境中的角色。在这种情况下，图书馆需要扬长避短，寻找新的增长点，即通过实施用户教育，发挥自身的专业特长，发挥好连接用户和各种信息资源的作用，促进图书馆在网络环境下的良好发展。

图书馆是用户获取学习信息的主要信息源，但在网络环境下，图书馆的实际资源优势已不再明显，更多的是通过网络找到更多的信息和信息源。一个人不可能同时掌握多个学科的多个信息源。在这种情况下，图书馆需要体现其作为信息中心的教育功能。一方面，利用自身在信息采集和组织方面的专业优势，通过人工智能、大数据、互联网等现代信息工具，收集和组织全面、系统的信息资源，并为用户提供关于如何方便快捷地利用这些资源的持续指导和教育。另一方面，在不同的阶段，要让不同的用户了解某一学科的主要信息来源以及有效的信息搜索和收集方式，让他们自己获得自己需要的第一手信息。这些功能是通过开展用户教育的方式来实现的，即通过开展用户教育，培养和提高用户使用图书馆资源和获取信息的能力，使其更自由、更主动地学习。

网络化、信息化是现代社会发展的必然趋势。在信息社会中，知识经济直接建立在知识和信息的生产、分配和使用上，知识是实现经济增长的动力源泉。也就是说，人们的生产生活离不开知识和信息，知识是系统的、标准化的信息。归根结底，整个社会的一切活动都与信息密切相关。社会的进步和发展最终必须由人来完成。因此，要推动社会向信息化的方向发展，就必须将人与信息这两个因素有机地结合起来，也就是说，人应该能够获取信息，并将信息转化为生产力，从而通过人们的具体劳动来促进社会进步。因此，为了全面推进社会信息化进程，需要社会中的每一个成员都具有一定的信息意识和信息能力。网络中的信息包含了有用的信息，但更多的是重复和过时的无用信息，所以人们需要有很强的识别和筛选能力。在信息社会中，社会成员需要具备一定的信息分析、判断和利用能力，而网络环境对这种能力有更高的要求。要提高社会成员的信息素质，就需要包括图书馆在内的社会信息机构的共同努力，大力开展信息素质教育。图书馆必须进一步加强对用户的教育，真正担负起推动社会信息化进程的历史责任。

在图书馆知识服务模式下，用户知识质量的差异将直接影响到知识产品所带来的效益。因此，指导、培训和帮助用户掌握获取知识的能力，运用知识进行的用户教育，是知识服务的重要职责。用户教育平台首先要培养用户强烈的意识，提高用户使用知识产品解决问题的兴趣，让用户通过使用知识产品享受决策更加科学、工作效率提高的好处。其次通过不断地开展培训、举办讲座等方式，帮助用户提高信息检索技能，培养用户筛选、判断、运用知识的能力和创新能力。最后更新用户的教育方法和手段，充分利用图书馆主页，开设有针对性的教育课程，开展远程用户教育。

3.跨库检索平台

跨库集成检索系统面向注册用户和非注册用户提供不同层次的服务功能。注册用户可以选择所需要的数据库资源，添加到"我的数据库资源"列表。当用户执行检索时，可以从"我的数据库"中选择，从而避免每次检索时重复选择数据源；系统不向非注册用户提供资源定制、全文字段检索、查看全文等功能，非注册用户进入系统后，只能直接从"选择列表资源"中选择数据源进行检索。

用户可从统一的界面检索所选择的各种信息资源，检索结果可以排序和组织。检索界面可由用户定制，用户可以添加自己的标记和修改颜色，放置数据库介绍和帮助文件。可保存检索策略、定期发送定题情报服务、E-mail 发送检索结果。

系统管理员可设置和修改用户的访问权限，并针对不同用户设置不同的访问权限，或设置访问特权。

使用跟踪模块，可以获取用户访问各种信息资源的使用信息，包括登录或退出检索系统的次数和时间、用户的各种输入和检索信息，结果可以在 WebFeat 上显示，或以 Excel 格式输出，以备对数据的详细分析。该模块如与用户认证管理系统结合使用，可以产生数据库使用的各种细节报告。

（二）知识服务平台的构建

构建图书馆知识服务平台，就是提供一个包括知识与信息的获取、加工、整合、存储、传递等功能，促进图书馆知识挖掘、知识共享、知识交流、知识重用、知识创新、知识积累的功能系统和组织环境，使图书馆的各种知识与信息资源得到最大程度的利用，快速提高员工的业务水平，提高知识服务质量和效率，从而提高图书馆知识服务的综合竞争力。

1. 构建知识服务平台的原则

图书馆知识服务平台的构建原则包括以下几点。

（1）稳定性。平台应保证持续稳定运行，通常在选用成熟技术的前提下，可适当利用新的技术和方法。采用的技术既要符合当代信息技术的发展趋势，又要有成功的经验，并且是各个领域公认的、技术领先且功能完备的成熟技术和理念。

（2）适用性。平台的构建要符合图书馆的业务和发展需要，根据图书馆的实际需求进行平台功能设计，不盲目追求技术先进性。

（3）开放性。选择一个开放的架构，可以方便地实现系统集成以及知识和信息的集成，系统使用的所有产品都要符合相关的国际标准和国家标准，是开放的可兼容系统，能与不同厂商的产品兼容，可以实现系统间的互联、互通及系统整合。

（4）可扩展性。例如，图书馆服务业务拓展，系统能平滑扩张，避免因为更换系统而带来额外支出。

（5）易管理性和易使用性。系统应易于管理和易于使用，以迅速提高系统的使用率。例如，设计友好的操作界面和提高系统操作的智能化程度。整个系统应实现集中统一管理和监控，系统性能维护操作简单，出现问题可迅速发现并得到及时解决。

（6）配合建立起相应的制度环境。技术系统的良好性能需要置身于相应的制度环境中才能得到有效发挥。在知识服务功能系统技术目标实现的同时，注重组织配套制度的建设和完善，建立并推行相应的各项管理制度，加强技术系统使用培训和宣传，辅之以精神和物质上的激励，为功能系统发挥作用提供必不可少的环境条件。

2. 构建知识服务平台的基本内容和对策

最理想、最有效的知识服务平台应该围绕知识服务目标，为用户提供综合服务，本质上是整合信息资源和人力资源，开展多层次、专业化、个性化主动服务的平台。

图书馆知识服务平台是一种综合性的知识服务平台。其总体结构由资源层、操作层和服务层组成。资源层由图书馆收集的文献资源、互联网资源和进口的商业数据库资源组成，是为用户服务的基础。操作层可以帮助图书馆通过业务自动化系统、知识发现、智能代理、知识库对馆藏的文献资源、互联网资源和进口商业数据库资源进行收集、组织、综合和开发。服务层是知识服务平台的核心，包括异构数据统一检索系统、专业服务系统、个性化服务系统、书目数据库、自建数据库、免费数字资源数据库、免费网络资源数据库、专业导航数据库等知识库。通过这些功能模块，依托资源层数据库，为用户提供各种个性化、专业化的服务。

（1）树立面向用户的知识服务理念。思想是行动的先导。在过去，图书馆的服务采取的是一种被动地等待读者上门的方式，图书馆也变成了"藏书馆"，失去了学术中心和交流中心的作用。转变服务理念，建立合理的管理制度，从馆长到每一位图书馆员都要有知识服务理念，并采取一些有效的人力资源管理方法，真正调动全体员工的积极性，为用户提供方便、全面的知识服务，从而提升图书馆在用户心目中的形象。

（2）完善学科馆员制度。图书馆的知识服务需要一支高素质的人才队伍作为支撑，而这支队伍实质上就是"学科馆员"队伍。因此，图书馆应采取相应措施，建立和完善学科馆员制度，尽快建立一支高素质的学科馆员队伍。学科馆员管理应形成一套相应的管理体制，包括竞争机制、利益机制和工作机制。

（3）建立知识库、知识地图。知识库是从公共数据库中提取知识点，并按照一定的知识体系进行整体排序和分析而组织起来的数据库。它是经过分类、排序和重组的知识集合。知识地图是一种常用的知识管理和信息建设的方法，强调知识的清晰展示，为用户和图书管理员提供直观的知识展示，用图形化的方法创新知识导航系统，不仅能反映知识在知识库中的分布，还能反映用户当前迫切需要获取的知识类别、知识的访问路径，帮助用户准确、快速地获取知识。

（4）建立广泛的知识保障体系。面向用户的图书馆知识服务是基于网络的动态知识资源系统的服务，它既依赖于传统的文献资源，又依赖于丰富的网络资源；面向用户的图书馆知识服务是基于资源和服务集成平台的，很难仅仅依靠单个图书馆的力量，本地库、系统甚至国家图书馆一起参与建立一个广泛的知识共享系统，才能实现优势互补。遵循图书馆统一的标准规范进行特色数据库建设，通过网络系统实现数据之间的开放链接和无缝过渡，提供跨数据库检索和跨系统检索，构建知识共建共享体系，实现真正意义上的知识共享，传播知识。

（5）引入信息化建设，加强个性化服务。信息构建（Information Architecture，IA）是近年来图书馆情报学研究的一个新热点。图书馆个性化信息服务以信息构建理论为基础，构建一个透明的信息生态环境，直接向读者展示和表达信息内容，试图将信息资源转化为个体知识结构所需要的、易于使用的知识。随着信息化建设理论的引入和实践，图书馆个性化信息服务将会越来越完善，越来越受到用户的欢迎。

第二节　图书馆的数字化环境

一、数字图书馆的概念及基本特征

（一）数字图书馆的概念

数字图书馆（Digital Library，DL）是 20 世纪 90 年代以来产生的一个新概念，随着计算机技术特别是网络技术的飞速发展，数字存储和传输技术的普及，使文献信息的处理、存储、查询、使用等提出了新的要求。因此，数字图书馆也应运而生。目前，数字图书馆正处于发展阶段，国内外对数字图书馆还没有一个清晰完整的定义。然而，人们普遍认为，数字图书馆是全球信息高速公路上信息资源的基本组织形式，满足了分布式面向对象信息查询需求，是下一代互联网上信息资源的管理模式。在这个定义中可能需要解释两个概念，即"分布式"和"面向对象"。简而言之，前者指的是跨库（跨地理）和跨物理查询，而后者不仅指查找线索（在哪个库中），还指直接获得正在搜索的内容（对象）。数字图书馆是图书馆自动化的发展方向。数字图书馆基于二进制计算、存储和通信机制，结合特定的内容和软件，在传统图书馆信息存储、编目、查询、传播等功能的基础上，用于重复、模拟或扩展传统图书馆所提供服务的软件。一个完整的数字图书馆系统不仅能够完成传统图书馆所提供的一切服务，还在数字信息的存储、查询、交流等方面具有优势。

（二）数字图书馆的基本特征

在网络环境下，各种知识信息可以很容易地转化为数字形式在全球传播，每一个用户都可以很方便地使用世界上的任何图书馆资源。书籍、古籍、珍本等文字、图像，可以利用现有的、成熟的技术和设备，如利用计算机和扫描设备，将上述数据输入计算机，以图像文件或文本文件的形式存储在各种大容量的存储器中。对于录音、录像、电影胶片等，也可以利用音视频采集设备和压缩技术将各种数据采集到计算机中，存储在相应的存储介质中，从而实现这些数据的数字化。这样的图书馆已经成为一个"信息空间"。大量的数字资源是数字图书馆的基础"物质"，大部分的数字图书馆的数字信息和绝大多数的资源是多媒体资源，图书、期刊、录像，甚至罕见的古书，运用现代信息技术和网络通信技术，经过压缩、加工、整理等可以处理成数字信息，只要它们具有相同的属性，就可以同时获得。

网络接入和资源共享的高速数字通信网是数字图书馆存在的基础，数字图书馆依赖于网络，它以国内的业务机构和国外的服务机构为载体。数字图书馆本身由局域网（LAN）组成，内部是连接多台服务器和工作站的高速骨干网，外部是通过多台广域网服务器面对广阔的 Internet。网络接入也带来了资源的跨时间共享，"馆藏"资源不再是"私人"的，而是面向世界，为不同的人提供不同的服务，数字图书馆从以图书馆为中心到以读者为中心。

分布式管理和系统的开放。分布式管理是数字图书馆发展的高级阶段，它意味着世界数字图书馆遵循统一的访问协议，数字图书馆可以实现"联合搜索"，全球数字图书馆将像现在的 Internet 连接网站、世界数字资源等，它连接着一个巨大的图书馆。数字图书馆可以在共同协议下对外开放，图书馆可以共同为用户提供"虚拟图书馆"的服务。数字图书馆的读者可以在任何时间、任何地点通过互联网获得各种服务，充分体现了数字图书馆的开放性。

系统方便友好、信息量大的数字图书馆服务内容丰富、多层次、多形式、友好、简单方便、检索命中率高，不仅可以提供纸质媒体文献资源，还可以提供电子文献资源，还可以结合多种媒体，让读者喜欢这个场景。

二、高校数字图书馆建设的现状及特点

在数字图书馆研究与建设蓬勃发展的同时，高校作为教育和科研的主力，作为知识型机构的代表，高校数字图书馆的建设更具有战略意义。

（一）高校数字图书馆的建设现状

在信息化大潮中，高校的信息化、网络化已经走在时代的前列。现在几乎所有的高校都建立了与 Internet 的互联，拥有了一定的机房，大多数高校都建立了校园网，部分实现了无纸化办公，并有了自己的站点。在校园信息化进程的推动下，高校图书馆的自动化、数字化水平有了很大的提高，一些高校图书馆购买了一定数量的电子资源，这些电子资源可以通过特定的专有入口来查询、阅读，一些重点高校已经购买了一定规模的数字资源库，加工并创建了自己的特色资源库，并对这些数字资源库进行整合和组织，形成学校数字图书馆中心或数字信息港。随着信息技术和软科学的蓬勃发展，图书馆的内涵和管理方式发生了巨大变化，如图书馆观念的转变，读者和馆藏载体类型的变化，读者需求的变化，阅读风格的改变，学术活动和信息交流需求的变化，图书馆服务管理模式的转变。这些变化促使高校图书馆进入了旧图书馆更新和新图书馆更新的更新时期。

（二）高校数字图书馆的特点

广义的数字图书馆是一个拥有海量信息和丰富内容的信息中心。而高校数字图书馆作为整个数字图书馆系统的一个节点，与教学科研有着密切的联系，并有其自身的特点：主要面向教师和学生，为教学科研服务；运行环境主要为校园网，提供局域网范围内的服务；数字图书馆一般属于公益类，阅读下载都是免费的。数字资源的类型主要包括电子图书、期刊、报纸、会议论文、音像资源、CD 资源和特色馆藏资源。高校数字

图书馆服务区域内的自主、外包资源和网络资源（分为内部网、校园网），这些资源提供音频和视频服务，一般流量很大，可以给网络一个压力负荷，一般只提供服务，数字图书馆的建立虽不能取代现在的传统图书馆，但其与传统图书馆相比存在以下优点：①信息存储空间小，不易损坏。数字图书馆是将信息以数字形式存储起来，一般存储在计算机的 CD 或硬盘上，与过去的纸质文件相比，占地面积小。此外，在过去，图书馆管理的困难之一是资料在多次访问后会磨损，一些原始和珍贵的资料是普通读者很难看到的。数字图书馆避免了这个问题，100 万册图书，只需要 10 个 146 GB 硬盘。②数字图书馆配备了计算机检索系统，读者可以通过搜索一些关键词获得大量的相关信息。③信息远程快速传输。传统图书馆的位置是固定的，读者在去图书馆的路上往往要花费大量的时间。数字图书馆可以利用互联网来快速传递信息，只要读者登录网站，点击鼠标，即使他们不去图书馆，也可以在几秒钟内看到他们想要查找的信息，这种便利是以前的图书馆所无法比拟的。众所周知，一本书一次只能借给一个人。而在数字图书馆中就可以突破这一限制，一本书通过服务器可以同时借给多人使用，大大提高了信息的使用效率。④电子书价格较低。现在市面上的电子书一般需要 3 ～ 5 元，与纸质图书相比，价格要低得多，从而节省了购书成本，现在所占的空间也少了，电子图书的管理成本远远低于纸质图书的管理成本。

三、数字化技术对图书馆模式的影响

信息技术应用于图书馆而产生的数字图书馆技术，使高校图书馆的内涵、外延及管理发生了巨大变化。

（一）数字化技术导致馆藏含义及阅读介质的变化

随着现代技术的广泛应用，以纸张为载体的文件形式将不再占据主导地位，取而代之的是磁盘、磁带、CD 等电子书与纸质文件并存。高校图书馆馆藏的含义得到了进一步的拓展，各种文字载体形式都可以看作图书馆馆藏，高校图书馆的馆藏模式也从单一化发展到多样化。馆藏的完整内容已发展为实际馆藏图书及相关电子图书，书架数量已不再是图书馆馆藏的唯一标志。由于光盘具有容量大、处理速度快、标准化程度高等传统书籍无法比拟的优点，其应用程度也在不断提高。随着全球互联网信息的高速传播，数以百万计的书籍的文字信息可以在计算机之间即时发送，数字化的声音和图像现在也可以与文字信息一起发送。视听多媒体阅读逐渐成为人们获取知识的重要手段。纸质书不再是图书馆唯一的阅读媒介。电子阅读、音像阅读、在线阅读等阅读方式对图书馆的信息技术和设备提出了新的要求。

（二）数字化技术导致信息存储技术的变化

图书馆存储空间的小型化和信息载体的多样化正在增强，包括视听材料（如幻灯片、电影、录像片等）和缩微文件（如缩微胶片、数据光盘）。这些材料的数字化可以恢复和扩展信息的保存。数字化后，信息载体容量增大，信息的提取和转录需要使用专门的仪器和设备。信息能力的提高有利于从根本上抑制膨胀的图书馆，一张 CD - ROM 的信息容量可以相当于 1 500 多本书，根据传统图书馆面积定额计算，可以替代开放书架 10 平方米、闭架的 8 平方米或密集库 3 平方米。因此，我们可以通过提高单位面积的信息存储效率而不是增加建筑面积来满足图书馆信息存储容量增加的需求。不同形式的信息载体需要具有特定物理条件的存储空间，如 CD 必须放置在无尘的环境中，通常是一个标准尺寸的 CD 存储柜与可调节的分隔空间。信息存储空间的形式趋于多样化。

（三）数字化技术使图书馆服务更加专业化、系统化

信息网络的建立，使高校图书馆从一个图书馆变成一个由主馆、专业分馆和特色馆藏图书馆组成的完整的图书馆体系。由于网络的作用，不同地理位置的信息源可以被用户平等地使用。高校图书馆走出了"大而全"的信息存储模式，专业分馆的地位得到改善，更加注重专业信息的加强和完善。通过网上编目和馆际互借服务，读者可以充分利用各专业图书馆的特色服务。这避免了图书馆系统中重复存储信息的现象，也

避免了图书馆的无限扩张。特色馆藏图书馆作为一套独立的书库，系统集中存储一定时期内最不常用的图书，以提高图书馆信息的利用率，这也节省了各图书馆信息的存储面积。

（四）数字化技术导致图书馆组织模式及服务模式的变化

1.数字化技术导致图书馆组织模式的变化

随着信息网络技术的不断发展，数字图书馆不仅可以使数字资源得到广泛的传播和利用，而且有助于图书馆朝着跨区域信息共建共享的网络方向发展。用户只要使用统一的检索接口访问系统中的分布式数据库和知识库，就可以获得所需的文献信息。这就要求知识库要有多层次的行动模式，并在发展实践中不断完善。

数字图书馆组织结构模型包括三个部分：①传播系统。从数字图书馆的宏观概念出发，传播系统有一个完整的建设过程，包括区域性网络的建立和组织内区域性、国家性、国际性网络和传播系统的建立。它是一种常用的 TCP/IP 通信协议，通过网络设备连接起来成为一个大型的计算机网络。②信息资源。一个现实的数字图书馆应该同时拥有三种资源信息：图书馆收集和开发的数字信息资源、带有数字索引的传统印刷材料、外部数字图书馆和电子出版物数据库材料。目前，许多图书馆和学术机构的在线馆藏都是免费开放的，这是数字图书馆的重要资源。③咨询系统。咨询系统由两个子系统组成：一个是自助子系统，它要求客户端可以显示读者指南，用户可以使用菜单或超级卡引导自己使用数字图书馆；另一个是求助子系统，它能够接受用户的在线访问，随时提供咨询服务，帮助用户解决疑难问题。

2.数字化技术导致图书馆服务模式的变化

数字化技术对图书馆服务模式的影响首先体现在对读者的服务上。由于数字化技术具有信息零距离传输的特点，它可以使图书馆的服务半径扩大数千倍，大大节省读者的时间，提高读者获取信息的效率。这种数字图书馆的服务模式主要有两个方面。一是自助式服务模式：信息技术可以使读者从图书馆获取信息时不再受时间和空间的限制。网络接入通过数字通信网络实现信息的高速传播，所有的数字图书信息都可以在网络的计算机终端上获取。读者可以在办公室或家里通过互联网和万维网获得他们需要的知识，而不用去图书馆。就高校图书馆而言，读者群不再局限于校园。在线检索和馆际互借使得其他大学的读者也可以使用他们的馆藏。信息的数字化、网络化使高校图书馆成为整个数字图书馆系统中众多信息源的一部分，读者的社会化程度也随之提高。二是多元化的服务模式：读者在传统的阅览室主要是阅读书籍和做读书笔记，而在数字化阅览室，读者可以通过计算机网络在家使用自己的笔记本电脑进行阅读或更多的工作。同时，信息数字化使信息的复制和生产借助特定的工具变得非常简单，信息的时效性大大提高，人们获取信息的渠道也越来越广泛。信息传播从图书馆的输出控制转变为读者的选择性吸收，主动权由读者掌握。由于信息传播的社会化，图书馆一方面应适应这种社会化，积极利用网络提供信息服务，另一方面应在图书馆内部创造技术条件更为完备、环境更为舒适的阅览空间，扩展读者在阅览室内的活动，以吸引读者来馆就读。

第三节　现代技术与知识服务平台

一、图书馆知识服务平台的实现

（一）异构数据统一检索系统

异构数据统一检索系统为用户检索文献资源提供"一站式"服务，用户选择检索条件，输入检索式，可以同时检索所有数据库或指定数据库的资源，这些资源包括自建网络资源数据库、特色数字资源库、引进数据库、联合机构在线数据库以及专业导航库。大中型图书馆一般都购买了数目不等的各种电子数据库，加上馆藏书目资源、各馆特色数据库资源及自建网络资源库，可利用的资源非常丰富，但也带来检索的问题，各个数据库在资源组织和检索方式上都有很大差别，这为用户检索这些数据库带来不便，如查一个专题的文献要分别去查各个数据库，而且检出文献不仅阅读形式不同，还会由于各种数据库收录文献交叉而检出大量的重复文献。以 CNKI 和维普为例，仅 CNKI 收录的"图书、情报与档案"类的 68 种期刊中，就有 66 种与维普收录的相同，重复收录的比例高达97% 以上。不同机构收录的资源存储格式不同，文件大小也存在很大差异，当用户同时检索多个数据库时，必须要对比查看所检出的文献是否重复，浪费了用户大量的时间。因此，异构数据资源的整合工作非常重要。检索平台通过对这些数字资源的整合，将各种分布、异构和多样化的数字资源进行有序组织，提供统一检索途径，并能方便地集成种种数字资源服务，如参考链接服务，从而在各自独立的数据库资源基础之上动态构建一个虚拟的数字图书馆，将各种资源以统一的方式呈现给读者，实现信息资源的有序组织、快速定位和有效揭示。各种数据资源进行整合后，通过异构数据统一检索系统则能够实现统一检索，即通过一个检索入口、一个检索式完成所有资源的检索，并且对重复文献由系统自动标记或做滤掉处理，会大大提高用户检索的效率。

门户网站按主题进行组织，具有检索入口丰富，简单易用，检索速度快的优点，因此其点击率高与网络信息的组织方式不无关系。门户网站在资源组织方式上与图书馆传统分类非常相近。门户网站组织信息资源与传统图书馆通过分类法组织文献资源的方式几乎是完全相同的，而通过分类法组织资源正是图书馆的优势所在。通常在图书馆门户网站上，知识导航被作为独立的服务项目供用户使用。

知识导航本质上是为用户提供网络资源的相关信息。在图书馆资源突破传统概念的条件下，网络资源已成为图书馆员处理文献资源的一部分。因此，在本书构建的知识服务平台中，知识导航与其他类型的文献资源一样，成为检索服务的重要组成部分。知识导航一般是通过专业导航库实现的。专业导航库是由图书馆专业人员将网络资源按照学科或专业组织建立数据库，物理上讲不存储各种实际资源的信息，只有存储在数据库中的相关主题、服务器地址等信息，才能引导用户到特定地址获取所需信息。专业导航库基于检索方便的原则，将互联网上与某一主题相关的网站收集起来，按照熟悉的方式进行组织，为用户提供专业的网络搜索引擎服务。它类似于网络搜索引擎，但更专业，对网络信息有更深层次和更有效率的组织。用户可访问专业导航星型数据库，包括各种专业电子公告栏、会议论坛、相关研究机构网站、专家学者个人主页、网络数据库、网络电子出版物、在线图书馆书目数据库等各类信息。知识导航是图书馆服务的延伸和拓展，在本地资源无法满足用户需求的情况下，它可以为用户提供更广泛的信息获取途径。

（二）数字参考咨询系统

数字参考咨询系统的主要功能是为用户提供专业化的知识服务，是图书馆的核心业务，也是衡量图书馆服务质量的重要内容。数字参考咨询系统为用户服务的方式取决于问题的性质。

一般性咨询主要由 FAQ 专家系统提供服务。这个系统存储着用户可能遇到的最常见的问题，提供分类检索、关键词检索以及其他方式的检索途径。系统接收到用户的提问后，首先在 FAQ 专家系统中检索，找到答案自动回复。如果没有找到答案，再将问题分派给相应的参考馆。对于一般性咨询，参考馆员解答并回复用户后，将问题及答案存储到 FAQ 中供再利用。

对具有一定深度的带有专业性质的咨询，系统把问题分派给相应的参考馆员，再由参考馆员与用户充分沟通，制定解答方案，解答回复，最后将服务的相关资料，包括有关用户问题、参考馆员与用户沟通过程、咨询方案、参考工具、答复结果、用户反馈等信息存储到知识仓库中供再利用及参考。根据参考馆员与用户沟通和解答的方式不同，这类咨询分为同步参考咨询和异步参考咨询。同步参考咨询主要有聊天、视频会议、网络语音、共同浏览、即时消息等。异步参考咨询主要包括 E-mail 和表单两种。本地参考馆员无法解答的咨询则需要由联合数字参考咨询系统的相关专家予以解答，其过程与本地解答基本一致。

（三）个性化服务系统

个性化服务系统的基本功能由个性化用户界面模块、用户需求分析模块、信息检索模块、信息资源管理模块、知识推送模块和应用处理模块实现。个性化用户界面模块的主要功能是获取用户信息，并根据用户需求将数据信息发送到用户浏览器。用户需求分析模块则对用户需求信息进行分析，主要采用智能 Agent、神经网络等智能分析技术。信息检索模块则可以完成信息搜索、过滤、提取的过程，主要是接收用户的需求信息，将需求信息与资源库（包括国内外资源库）进行匹配，并搜索、过滤、提取匹配的信息。信息资源管理模块组织数据库中存储的信息，供不同用户重复检索和使用。知识推送模块可存储和维护用户每次查询的信息，这些信息可能成为用户的需求数据。应用处理模块则可以处理与用户相关的个人事务。

二、图书馆知识服务平台的关键技术

（一）网络资源挖掘技术

网络资源的特点是：①信息量大，传播范围广。②信息增长快速。③信息自由发布，来源广泛，内容混杂，质量各异。正是这些特点，使现代图书馆把网络资源的识别、评价、收集、整理、组织和存储作为一项重要任务。网络资源挖掘是在大量的 Internet 文档中发现的具有潜在应用价值的信息。处理内容包括静态网页、互联网数据库、互联网结构、用户使用记录等信息。利用数据挖掘的思想和方法，Web 挖掘可以从数以亿计存储着大量信息的 Web 页面中挖掘出有用的信息。Web 数据挖掘可以分为三大类：内容挖掘、结构挖掘和用户使用记录挖掘。

图书馆通过 Web 数据挖掘可以提取有用的知识，建立网络资源的知识库。此外，图书馆通过 Web 数据挖掘还可以分析用户的访问行为、访问频率、访问内容等，获取用户的访问行为和访问方式，从而提高服务质量。此外，对这些用户特征的了解和分析有助于有针对性地开展个性化服务。因此，Web 数据挖掘技术在图书馆知识导航服务、个性化服务和数字参考咨询服务中得到了广泛应用。

（二）全文检索技术

全文检索是一种以所有文本信息为检索对象的信息检索技术。作为一种新的全文检索技术，该技术可以实现无标引的文献检索。它可以使用原文中任何有意义的单词或短语作为搜索词，搜索结果是源文献而不是文献线索。全文检索的核心技术是维护一个有效的索引（主要是文档倒置），索引的内容来源于检索到的文本信息。全文检索系统是一个全文数据库，具有布尔逻辑检索、截词检索、字符串检索等功能，用户可以使用自然语言检索，直接访问原始文本检索系统。该技术已广泛应用于各类全文数据库，改变了图书馆检索服务的本质功能。用户可以直接访问文献的全文，而不需要参考书籍的辅助信息。

（三）异构数据库集成技术

图书馆通过引进和自建数据库，使电子资源建设具有了相当的规模，电子文献在文献服务中的比重也在不断提高。在继续加强电子资源建设的同时，图书馆开始更加重视电子资源的管理，整合现有资源，整合不同类型、不同结构的各种异构数据库，将不同的环境和不同的用途整合到一个统一的检索平台上，使用户能够更加方便、高效地获取信息。图书馆要集成的数据库主要包括书目数据库（OPAC）、书目目录、摘要数据库、全文数据库、电子期刊、电子图书、相关网站等。这些数据库分布在不同的服务器上，由不同的信息服务公司和出版社提供，或由图书馆自己建设，成为具有不同特征的异构数据库，主要表现在以下几个方面：①不同的数据模型；②不同的数据结构；③不同的系统控制方法；④不同的计算机平台；⑤不同的通信协议；⑥不同的通信结构和模式；⑦不同的异构网络操作系统。

异构数据库集成相关技术包括：通用网关接口技术（CGI）、开放数据库互联技术（ODBC）、JAVA 数据库互联技术（JDBC）、ASP 与JSP 技术、XML 中间件技术等。这些技术可以用来连接和转换异构数据库，接受用户对某些数据库的并行交叉访问和查询，并将查询结果集成并反馈到客户端网络。

（四）智能代理技术

智能代理是网络信息搜索的关键技术。智能 Agent，又称 Agent，是人工智能研究的一项新成果。它可在用户没有具体要求的情况下，根据用户的需求，代表用户进行各种复杂的信息查询、筛选、管理等工作，并能预测用户的意向，独立制订、调整和执行工作计划。智能代理是具有智能性并可进行高级、复杂自动处理的代理软件。智能代理可以应用于广泛的领域，它是近年来人工智能领域的一个热点。它应用于信息检索领域后，已成为发展智能化、个性化信息检索的重要技术之一。

智能代理的特点为：①智能化。它有丰富的知识和推理能力，能理解用户的意图，并能处理复杂的任务，分析用户的需求，自动拒绝一些不合理或可能带来伤害用户的需求，并能从经验中学习，适当地自我调节，从而提高处理问题的能力。②代理。在功能上，它是一种代理技术，可以代表用户完成一些任务，并将结果主动反馈给用户。③流动。它可以漫游到网络上的任何目标主机，并在目标主机上进行信息处理操作，最后将结果集中返回到起点，并可以随着计算机用户的移动而移动。④主动。它能够根据用户的需求和不断变化的环境向用户提供报告和服务。⑤协作。它可以通过各种通信协议与其他智能代理进行通信，并相互协调完成复杂的任务。

（五）知识仓库技术

知识仓库是一种特殊的信息数据库。数据库中的数据具有相关的背景和经验可供参考。知识仓库中不仅存储知识项目，还存储相关事件、知识使用记录、来源线索等相关信息。知识仓库可以帮助人们有效地利用知识。图书馆参考咨询服务中用户提出的问题、交流过程、检索方案、检索工具、解决方案、反馈等信息可以存储在知识仓库中，它们不仅可以被用户检索和利用，还可以在参考咨询馆员之间传递经验和技能。

第五章　现代图书馆网络信息服务的新型模式

第一节　图书馆信息服务创新

一、信息服务创新的动力

（一）用户信息需求的多样化发展是信息服务创新的内在驱动力

今天，知识在不断更新，信息在以更快的速度增长和老化。传统的基于印刷文档的信息服务已经不能满足用户在新形势下的信息需求。特别是在网络环境下，用户的信息需求呈现出新的特点：一是信息需求的开放性和社会化。也就是说，随着知识经济的发展，用户不再单纯依靠一个图书馆来满足自己的信息需求，而可以向多个信息服务机构提出自己的信息需求，这些机构可以合作来满足自己的信息需求，同时可以实现文献信息资源的共享。二是全方位、全面的信息需求。用户对文献信息的需求已不再局限于书目信息，而是迫切需要内容齐全、种类齐全、形式多样、来源广泛的综合性知识信息，这就要求现代图书馆提供综合性知识保障，开展综合性信息服务。三是信息需求的电子化、网络化。随着信息技术的发展，用户获取和使用信息的能力也得到了提高。他们不再满足于传统的人工操作服务，而是希望通过计算机和网络来获取图书馆所提供的服务。四是信息需求的个性化和细化。由于用户的时间、精力和资金有限，他们希望图书馆提供的信息服务能直接解决自己面临的问题，用户的个性意识和质量意识也在提高。五是信息需求的微观化与层次性。面对海量的信息资源，用户只需要自己感兴趣的信息中的一小部分，并逐渐趋向于微观化。同时，由于需求的不同，他们也有不同层次的需求。六是信息需求的集成化和高效性。信息使用者不再满足于一般的基础服务，而是要求文献信息更加深入，同时对信息的及时性提出了更高的要求。

总之，图书馆要创新服务内容，改革服务手段，提高信息获取和处理能力，及时传递信息，以适应用户不断变化的信息需求。在知识经济环境下，用户的信息需求在广度和深度上都发生了定量和定性的变化。这种变化无疑会给"以用户为中心"的现代图书馆带来变革，传统的文献信息服务模式必须实现革命性的创新和变革，改变以往的服务理念和模式，从"以图书馆为中心""以图书馆员为中心"向"以用户为中心"的服务模式转变。

（二）激烈的信息服务市场竞争是信息服务创新的外在驱动力

在以印刷文献为主要信息载体的时代，图书馆以其丰富的馆藏和娴熟的文献服务技能两大优势，在社会信息服务体系中占据着领先地位。然而，在知识经济时代，信息服务日益社会化、网络化、个性化。在庞大的社会信息服务体系中，图书馆的主导地位日益削弱，甚至其生存也面临着严峻的挑战。因此，信息服务环境的变化迫使图书馆进行改革和创新。改革开放后，虽然图书馆也逐渐走向社会，面对市场，在信息服务市场展开竞争，但随着社会信息化程度的提高，人们获取和使用信息更多地为自用，越来越多的个人和企业参与信息服务，为大量用户提供更多独特的服务，与图书馆和信息机构展开激烈竞争，使图书馆成为信息服务市场众多的竞争对手之一。在激烈的信息服务市场，为不断获得新的用户，图书馆逐渐向现有信息服务对象开发市场和激发自身可持续发展的能力，这就需要重新定位图书馆信息服务系统，进一步研究用户的真实需求，以用户为中心开展服务，形成新的服务体系。

在信息服务市场中，市场竞争也是服务竞争。谁发现了需求，谁有服务创新和产品创新，谁就会得到用户，谁就会拥有信息市场。因此，作为具有多种优势的图书馆，应以用户需求为导向，以服务创新维护市场，从管理资源向管理服务转变，创新服务理念、服务模式和管理体系，并通过不断的发展和创新服务来适应市场竞争的需要。在激烈的信息服务市场中，除了与其他信息服务机构的竞争外，图书馆之间也存在着竞争，这取决于谁能不断创新，谁能提供更有特色的个性化信息服务，谁才能在竞争中立于不败之地。因此，图书馆信息服务创新是缓解外部压力的途径，也是迎接激烈市场竞争的需要。图书馆只有不断创新服务产品，才能留住原有用户，开发潜在用户，树立信息服务市场的服务品牌形象。

（三）图书馆的可持续发展是信息服务创新的根本动力

在以信息产业为主导的知识经济时代，知识将取代权力和资本，成为最重要的社会经济资源。作为拥有丰富知识和信息资源的图书馆，知识经济的发展无疑给它带来了新的发展动力、新的机遇和新的前景，但也带来了新的挑战。随着知识经济浪潮的高涨，图书馆要利用知识资源为经济建设服务，向经济建设普及知识形态的管理技术和科学技术，并将其转化为经济建设的动力。

图书馆事业要想在新的经济环境中保持可持续发展，就必须适应环境的变化，不断改革和创新信息服务，以获得更大的社会效益，同时获得更好的经济效益，以保证图书馆事业的持续发展。社会信息化和信息服务的社会化对图书馆的生存和发展提出了严峻的挑战，这体现在新的信息服务行业和机构的数量不断增加，图书馆原有读者的逐渐流失，而僵化、浅薄的文献服务与社会需求严重脱节，削弱了图书馆的地位。在信息时代和网络化知识经济时代，人们不再满足于简单、低层次的文献信息需求，而向高层次、深层次的知识信息需求转变，更渴望获得新知识。

因此，图书馆不能是一个相对封闭的文献收集、整理和利用系统，而应是一个全面开放的信息传递系统。新的服务体系对信息服务手段、信息服务内容、信息获取的时效性、信息服务人员的素质提出了新的要求。这就要求图书馆服务要不断改革创新，从以前相对被动的服务向现代主动进取的服务转变，从单一服务向多元化服务转变，从图书馆服务向远程服务转变，从低级知识服务到高级知识服务转变。

二、信息服务创新的原则

（一）客观性原则

用户接受服务，利用信息资源是用来指导实践活动的目标，这就要求图书馆所提供的信息要保持"原创性"，因此，信息服务的创新应立足于信息的本原意义，保持信息深加工在本质上与原始信息一致，坚持实事求是、客观创新的原则。客观性原则能充分体现信息服务的"客观性"，它要求图书馆所提供的服务是包含在产品信息内容中的，在性质上要与原信息内容的处理相结合，保持一致，向用户提供信息的信息服务和信息产品必须反映客观事物的本质属性，尽可能客观、全面地揭示各种知识和有价值的信息资源，客观地反映信息资源的原始外观，不添加或升级为人类提供所谓的"新"服务，以避免扭曲原始信息内容。只有这样才能形成优质的二级、三级信息产品，真正满足用户的信息需求。

（二）适用性原则

创新的目的是以用户的需求为出发点，为用户提供更合适、更满意的服务，因此，新的服务必须满足用户的需求，适合用户解决问题，注意适用性。如果新服务与解决用户问题无关，那么再多的类型、再多的内容，都是没有意义和价值的。因此，它应该基于用户的知识结构、知识规则、思维能力、使用习惯。新服务应围绕解决用户实际问题展开，只有这样，新服务内容才能赢得用户，才能赢得市场。

（三）可持续性原则

信息服务创新是一项系统工程，是整个社会创新系统的一个子系统，不可能在集群中完成。它需要一个很长的过程，所以应该坚持可持续性原则。知识经济的不断发展，社会信息资源和环境的不断变化，信息技术水平的不断提高，用户信息需求的不断增长，图书馆事业的发展等促使图书馆信息服务与时俱进，不断推陈出新，才能持续发展。可持续性原则还表明，信息服务创新应结合过去、现在与未来，地方与全球，当前与长远，只有不断创新服务内容和模式，才能赢得用户的信任，才能赢得良好的社会效益，才能在激烈的服务市场中站稳脚跟。

（四）协调性原则

创新是体系中各种相关因素相互作用的结果，包括观念创新、服务创新、技术创新、人才素质创新和管理制度创新。各要素是相辅相成、共同发展的，因此，要坚持协调性原则。现代图书馆信息服务与传统图书馆信息服务在信息资源的形式、信息服务的形式和服务对象等方面都发生了根本性的变化，与原来相比有了很大的不同。业务环境比较复杂，任何制度上的创新都是必不可少的，所以要综合考虑各个方面，而不是只考虑一个方面，要充分协调好各个环节和要素之间的关系，才能发挥制度功能的优势。协调性原则还体现在积极发展网络信息服务，兼顾传统信息服务的发展，使两者协调发展。

（五）特色性原则

有特色的信息服务是图书馆信息服务发展的重点和趋势。在海量的信息资源中，用户的信息需求更趋向于微观化和个性化，因此，信息服务的创新应具有针对性和特色，针对个性化的信息用户，创新有特色的信息服务。没有特色就难以生存和发展，而特色也意味着在创新过程中要有选择。它要求在信息内容的处理和加工中，尽可能地贴近和适应个性化用户的知识结构、智力储备和信息利用的环境，为用户要解决的问题提供准确的答案。特色性原则还体现在提供不同于其他信息服务机构的信息服务，利用特色信息服务吸引更多的潜在用户，树立品牌服务形象。

（六）效益性原则

图书馆信息服务体现着广泛的社会效益和一定的经济效益。图书馆服务是一项公益事业，因此，社会效益是主要的，并通过自身的服务能力来体现。创新是为了提高其信息服务能力，提高社会效益，但由于技术的提高、数字资源的购买、参考服务体系的建立、网络资源的维护和更新等，都需要固定的资金来维持。然而，大多数图书馆仍然依靠上级资金，该资金是有限的，所以在服务创新的过程中，我们应该考虑成本问题，追求低成本和高效益，找到成本和效益新的平衡点，因此，新的信息服务不仅是适用的，而且更实用。

信息服务创新是一个综合性的概念，贯穿于信息服务的全过程，包括服务理念的创新、信息资源的建设与开发、信息产品的研究与加工、信息服务方法的应用、信息服务技术的创新、挖掘和满足用户的需求等。信息服务创新就是以全新的服务理念指导创新服务工作，为用户提供创新的信息产品。由此可见，创新不仅是社会发展和人类知识创造的本质体现，也是图书馆信息服务"生命之树"得以维系的机制保障。

三、信息服务创新的理论基础

（一）信息服务创新的理论基础——新老"五定律"

美国著名图书馆学专家沃尔特·克劳福德（Walt Crawford）和迈克尔·戈尔曼（Michael Gorman）在他们的著作《未来的图书馆：梦想、狂热和现实》中，以阮冈纳赞的"五定律"为基础，提出了图书馆行业的五定律，我们称之为新"五定律"。其主要内容是：图书馆服务于人文素质；强调一切传播知识的手段；明智地利用科学和技术提高服务质量；确保知识的自由获取；尊重过去，创造未来。新旧"五定律"都指出，图书馆的价值在于为社会提供信息服务，以最少的时间和最快的速度为最多的用户找到最多的信息。两者都为我们指明了图书馆服务的根本方向，都把"用户第一、服务至上"的服务精神和服务理念视为图书馆员不懈的精神追求。一定时期内，图书馆工作的技术条件，面临的外部环境和内部机制经历了前所未有的变化，但我们可以看到从新旧"五定律"中，图书馆的发展形势是一直在变化的，唯一不变的就是图书馆服务宗旨的改变。

当然，在"信息化、数字化、网络化"服务环境迅猛发展的今天，图书馆服务要求从服务模式、服务对象、服务内容、服务重点、服务手段等多方面进行变革和创新，而新旧"五定律"在解读和规定上都不同程度地有所差异，这对于如何创新服务具有重要意义。新"五定律"在一定程度上是对旧"五定律"的继承和发展，是对旧"五定律"的验证和补充。同时，二者都是图书馆信息服务创新的理论基础，指出了图书馆信息服务创新的途径和方法，明确了图书馆服务的目标。在新旧"五定律"中，图书馆是一个有机体，"尊重过去，创造未来"，表明图书馆在不断发展和进化，通过不断创新合理联系过去和未来，特别是在当前图书馆转型中，我们不仅要调整和改变图书馆服务的功能和意义，更要在传统服务的基础上继承和发展图书馆服务。只有这样，才能更好地"尊重过去，创造未来"，赋予图书馆新的活力，使图书馆成为一个不断发展的有机体。

（二）新老"五定律"对信息服务创新的现实指导

传播知识、利用信息是图书馆的基本职能之一。新"五定律"明确指出"图书馆无论如何变化，都应该是一个具有历史赋予的伟大使命的知识传播组织"。与阮冈纳赞相比，戈尔曼将图书馆的基本功能定义为"知识传播"，并将图书馆定位为"知识传播组织"。这本身就是一种发展和创新。图书馆作为知识传播组织，传播知识和信息。它的使命是"服务于人类的文化素质"，实现"书是用来使用的"。在完成其使命的过程中，我们可以"高度重视各种各样的知识传播方式"，创新服务模型为我们提供了一个很好的方法，指导我们大胆尝试各种新的服务模式和手段，发挥图书馆的多种优势，充分利用网络通信技术，在图书馆中应用计算机技术，采取人工与计算机相结合、面对面服务与远程服务、网络导航服务与自助合作等多种面向未来、面向网络的信息服务，满足不同用户和习惯的信息需求，通过多样化的服务方式吸引更多的用户群体。

从总体上看，图书馆的发展是走向现代化的，图书馆的现代化进程表明它是一个技术型图书馆不断发展的过程。在这一过程中，我们可以明显地看到，技术正以点滴的方式渗透进图书馆，逐渐改变和取代图书馆的传统工作方式，使图书馆的技术含量和现代化程度越来越高。从本质上讲，图书馆的现代化过程就是图书馆不断利用先进技术改进传统服务，提高自身服务能力和服务水平的过程。然而，科学技术的应用往往给图书馆员带来各种各样的改革措施。因此，戈尔曼提出了"明智地利用科技提高服务质量"，即冷静、理性地分析改革措施与图书馆使命之间的关系，从而盲目地追求技术。当然，不是保守，而是"聪明"，主要表现在：一是运用科学技术"探索解决问题的方法"，提高服务质量；二是"成本—效益平衡"。总之，科学技术的应用要注意实用性和适用性。

第二节　图书馆服务伦理及其建设

一、图书馆服务伦理的概念及内容

（一）图书馆服务伦理的概念

1. 伦理与道德

从词源上看，伦理和道德在西方是一样的。它们既指外在的风俗习惯，也指内在的性格和道德品质，即如何规范人际行为。事实上，伦理和道德是有区别的。在研究图书馆服务伦理概念之前，必须明确伦理与道德的关系，因为伦理与道德容易混淆。"伦"的本义是同类、同代人，并引申为秩序。"理"的本义是治玉，即"使纹理清晰"，引申之意一般指清理杂乱之物。"伦理"一词最早出现在《礼记》中，即"乐者，通伦理者也"。伦理，这个词大致有两个意思：一是做事的方式；二是处理人际关系时应遵循的道德和原则。"道"的本义是"路"，引申为"法"

和"规"。"德"的本义是"得"，引申为"德"。道德是评价和规范人类行为的一种规范手段，是以善恶评价的方式实现人类自我完善的一种价值形式。

具体来说，伦理是一个整体，具有客观、客体、社会和群体的含义。它的意义包括两个方面：人际关系的实际规律和人际行为的规范。道德是包含主观意义、主体意义和个体意义的部分，其意义仅指人际行为的理想规范。但通常情况下，由于人们在实践中模糊了伦理和道德的区别，它们的含义相似，所以大多被视为同义词。在涉及规范和理论时，人们倾向于用"伦理"这个词，在涉及现象和问题时，人们倾向于用"道德"这个词。

2. 图书馆服务

什么是图书馆服务？"图书馆服务"在《图书馆科学百科全书》中的解释是："图书馆利用馆藏和设施直接向读者提供文献和信息的一系列活动，有时也称为图书馆读者工作。"现代图书馆不仅通过阅览、借阅等方式向读者提供纸质书刊，还提供文献缩印、参考咨询、编报、信息检索、信息服务、专题信息检索、信息知识专题讲座和展览。这个解释很全面，但有点乏味。其他解释如下。

（1）图书馆服务是为满足读者的信息需求而进行的所有工作，服务可以分为两类：信息资源提供服务和信息咨询服务，图书馆服务的内涵不仅仅是指为了满足读者的信息需求而开展的工作，还应包括图书馆的服务理念、服务质量。

（2）图书馆服务是图书馆为满足社会和文献信息使用者的需要，利用自身资源和各种方式开展的一系列服务活动。

（3）图书馆服务是利用图书馆的文献信息和其他资源，满足读者和社会的需要，实现图书馆价值的活动。这一概念包括三个要素：一是对象，即读者与社会；二是内容，即使用知识库资源；三是目标，即实现图书馆的使用价值。

（4）图书馆服务是一个人以建筑设施、设备、技术、文献资源为依托，运用真诚的情感、聪明智慧的自觉行动，以满足读者对知识、信息和心理的需求的劳动过程和活动。①

图书馆服务一般是指图书馆为用户开展的服务活动或服务项目。随着社会的不断发展，图书馆的服务内容和方法也将不断改进和改变，图书馆的公共服务也在不断发展和延伸。例如，服务内容从信息服务向知识服务转变，从"为读者提供图书馆文献"向"帮助读者获取图书馆内外的信息"转变；服务模式从封闭到开放、从借阅服务到参考咨询服务转变，因此我们必须意识到图书馆服务是一个不断变化的理念。

3. 图书馆服务伦理

在本书中，图书馆服务伦理的概念可以表述为：图书馆服务伦理是图书馆组织为了社会责任和满足读者需求，在各种读者服务活动中体现出善与恶的价值取向，并应遵循操作规范、心理意识与活动相结合的原则。从概念的表述中，我们可以得出以下结论。

（1）在规范范围上，图书馆服务伦理规范的重点在于图书馆与社会、图书馆从业人员及其服务对象之间的伦理关系。图书馆服务是图书馆与用户共同参与的过程，而用户又是图书馆的直接服务对象，因此，图书馆职业道德自产生以来就蕴含着一种内在矛盾，即：图书馆从业者与读者之间的利益既是统一的又是对立的。两者的利益有时是一致的，有时是对立的。这种不同的利益关系肯定有不同的道德维度。目前，以"为读者服务"为目标建立的图书馆最好地解释处理了图书馆工作者和读者之间的利益关系，这是一个新的道德关系和最高标准来衡量图书馆专业的善与恶的行为。

（2）从功能上讲，图书馆服务伦理是图书馆开展服务工作的指南。职业道德应该是一种对专业人员的约束制度，专业人员受其规范的约束，并在这些约束下寻求自身发展的可能性和机会。因此，作为一种职业道德，图书馆服务道德的作用不容忽视。它是图书馆从业人员开展服务活动必

---

① 吴慰慈. 图书馆学基础 [M]. 北京：高等教育出版社，2004：87-90.

须遵守的道德规范。

在属性上，图书馆服务伦理具有职业道德和公共道德的特征。一方面，图书馆伦理可以大致分为管理伦理和服务伦理(两者并不是完全平行的)，图书馆服务伦理只是图书馆职业道德的一个环节和方面，必须遵循图书馆职业的指导思想和职业行为规范。另一方面，图书馆作为社会服务机构履行社会责任和社会义务向公众提供服务，从这个角度看，图书馆服务伦理也属于公共伦理的范畴，它要求图书馆服务坚持公益性、非营利性、公平性等基本伦理原则。

（二）图书馆服务伦理的内容

伦理道德是为人而存在的，是服务于人的，达到其自身幸福目标的行为规则的系统。"以道德作为自己研究对象的伦理学，根据道德现象的构成，必须包含三个方面的内容：一是关于道德的基本理论；二是关于道德的规范体系；三是道德品质的形成和培养。"因此，我们把图书馆服务伦理的内容划分为图书馆服务伦理意识、图书馆服务伦理规范、图书馆服务伦理活动。

1.图书馆服务伦理意识

图书馆服务伦理意识是图书馆服务活动中形成的群体伦理观念、伦理情感、伦理信念、伦理价值或精神。

"自由、平等、方便地利用信息和知识为人民服务"是当代图书馆服务的主流价值观。至于伦理精神，其包含三个层次的概念，最高层次是信息公平、尊重和信仰的精神，致力于保护公民自由获取信息的权利；中间层次是专业图书馆的价值，专业图书馆是维护权利和尊严的化身；最基本的层次是出色的敬业精神。

2.图书馆服务伦理规范

道德规范是人们在处理各种利益关系时应遵循的具体行为规范。它是道德行为完成前的行为选择指南，是道德行为完成后判断善恶的标准。道德规范受道德原则的制约，形成了以基本原则为核心的有机整体。同时，每一种具体的道德规范都是多层次的、丰富的。例如，图书馆服务伦理规范在不同类型的图书馆中有不同的表现形式。道德规范属于他律，必须转化为人们内心的自觉认识和要求才能发挥作用。

3. 图书馆服务伦理活动

图书馆服务伦理活动是图书馆按照一定的伦理原则和规范进行的道德实践活动，包括伦理行为、伦理评价、伦理教育等。人类的伦理生活是通过各种复杂的伦理活动表现的，这些伦理活动表现在从业者对职业行为价值的判断和选择上。道德评价反映在对某些专业思想和行为的评价上。它体现在员工道德素质的培养上，即道德教育和道德修养。

图书馆服务的伦理意识主导着服务活动中的伦理选择，是伦理规范形成的前提。图书馆服务伦理可以引导和规范图书馆的伦理意识和伦理活动。图书馆服务伦理活动是图书馆伦理意识的基础和伦理规范的土壤。三者相互联系，相互补充，共同构成一个相互联系的有机整体。

二、图书馆服务伦理建设原则和举措

（一）图书馆服务伦理建设原则

1. 平等性原则

国家通过兴办图书馆保证每一位纳税人都有了公平地获取信息的机会，也就是建立了一种实现信息公平与信息保障的制度。平等性原则主张每一个人都有平等享受图书馆服务的权利，是国际上图书馆人共同遵循的重要原则，这一点在《公共图书馆宣言》中也得到了明确确认。从伦理学视角来看，图书馆的"平等原则"是人类社会发展的产物，并且随着社会的进步，人文关怀将更加深入人心，即使是到了商品经济高度发达、信息社会化程度更高的知识经济时代，"平等原则"仍然是图书馆继续弘扬和遵循的基本原则。所以，在图书馆服务伦理的建设中，更加需要维护公共图书馆的服务原则和制度，尊重读者利用图书馆的权利。对于社会弱势群体来说，更需要给予其更多的关心，甚至救助，使他们能够享有与其他人群更为公平的机会，以保障社会基本的信息公平。

2. 人本性原则

1987 年，E.G. 霍利在《步入第二个世纪》中说："我们的职业基本上是一种人文职业，我们的目标实质上是人。"人本性原则就是在图书馆服务伦理建设中，以人为中心来配置服务资源，尊重人的价值，培育人文精神，实施人文关怀，营造人文环境，以此充分调动和开发人的积极性、创造性，最终实现图书馆的服务价值。具体来讲，这一原则包括"以馆员为本"和"以读者为本"两个方面。"以馆员为本"是指要爱护馆员，支持馆员的创造性劳动，关心他们的学习、工作和生活，图书馆要靠事业吸引人、靠待遇留住人、靠政策激励人、靠情感温暖人，充分调动馆员工作的积极性和创造性，发挥他们的聪明才智，推动图书馆事业的发展；"以读者为本"要求在服务中以"读者第一、服务至上"为宗旨，从读者的利益和需求出发，全心全意地为读者服务。

3. 社会性原则

社会性原则要求图书馆服务伦理建设必须和社会环境相适应，两者应有机结合。

（1）与网络环境相容。随着信息科技的进步与普及，网络成为图书馆提供服务的新工具，传递信息不再受到空间的限制，同时也引发了新的图书馆伦理问题。比如，网络使用礼节、网络侵权行为、网络信息使用不当等既是信息伦理关注的议题，也是图书馆在提供信息服务时必须解决的问题。图书馆服务伦理建设需要适应网络环境，遵守网络活动调控伦理准则。

（2）与公民道德建设相容。2001 年 9 月，中共中央颁布了《公民道德建设实施纲要》，提出了"爱国守法、明礼诚信、团结友善、勤劳自强、敬业奉献"的公民基本道德规范，并把着力点放在了社会公德、职业道德、家庭美德的"三德"建设上。图书馆必须抓住公民道德建设的机遇，以公民道德准则为指导，结合图书馆服务的职业特点，进行图书馆服务伦理建设。

（3）与法律相容。法律是底线伦理，正如德国法学家郭格林所说，"法律是最低限度的道德"，而"道德是最高限度的法律"。伦理建设不能与法律相抵触，必须要在法律框架内进行，同时必须和具有强制性的法律相结合，这样才能发挥最佳作用。

4.利他性原则

图书馆是公益性、服务性的社会文化教育机构，图书馆员是知识信息和读者的中介，图书馆员的工作成果全部凝聚在他人有形的教学科研成果和无形的素质提高上，所以图书馆馆员的劳动成果表现出隐性化、事务性特征。这就要求图书馆员必须具有强烈的职业责任感，以服务社会为己任，以提供信息为义务，在工作中不计较个人得失，有一定的奉献精神。当然，利他原则并不排斥个人或集体追求正当利益的权利，它和"义利统一"的思想并不矛盾。

（二）图书馆服务伦理建设举措

1.明确图书馆服务伦理建设基点和目标

我国图书馆服务伦理建设必须以社会主义道德体系建设框架为指导，确立"以读者服务为中心，以集体主义为原则"的建设基点。集体主义原则，要求图书馆员有义务维护职业形象，不得损害图书馆利益，并在个人利益和集体利益发生冲突时，服从集体利益。以读者服务为中心，即理解读者、关心读者、尊重读者、爱护读者，尽可能地给予读者最大的尊重和完善的服务，减少用户各种各样的限制或障碍，尊重每位读者的信息需求，从不同的角度进行细心和周到的服务，为读者提供人性化的服务。在服务过程中，要运用先进的科学方法，充分利用和发挥人的内在潜力，以卓越的业务能力，全面、准确、高效地为读者提供所需的信息产品。

图书馆服务伦理建设的目标是以图书馆服务伦理建设为切入点，通过优质服务提高图书馆服务质量，最终保证图书馆履行其社会责任，完成其社会使命。作为社会信息公平和信息安全的制度体系，它的使命是让所有社会成员平等地获得信息。馆员只有明确服务伦理的基点和目标，才能在实现崇高目标的意识形态下,提高服务伦理建设的积极性和觉悟。

2.营造良好的图书馆服务伦理建设环境

贝宁基曾以"对伦理行为的态度、道德判断力、个人道德信念、组织的道德环境、自我概念的强度以及控制力"等六项伦理行为影响因素对信息工作者的行为决策影响予以调查。结果显示,个人道德信念与组织伦理环境是影响伦理行为的主要因素。《公民道德建设实施纲要》指出公民道德建设应"积极营造有利于公民道德建设的社会氛围"。因此,进行图书馆服务伦理建设时必须重视对服务伦理环境的变革。

首先,要做好舆论宣传工作。通过舆论宣传,使图书馆员的服务理念发生改变,创造一个良好的组织文化氛围。在良好的伦理氛围中,全体成员的积极性、主动性和创造性能得到充分调动,形成人人关心、支持、参与伦理建设的局面。

其次,领导对伦理建设的重视可以起到积极的推动作用。图书馆服务伦理建设有赖于图书馆领导的组织和领导,服务伦理内容和规范的落实有赖于图书馆领导的实践。领导干部只有明确加强图书馆服务伦理建设的目的和意义,并在思想上予以重视,才能真正把服务伦理建设提上工作日程,并为此做出不懈的努力。同时,图书馆领导应在行动中以身作则,在实践中率先行动,使整个图书馆形成人人遵守职业道德的良好氛围。

最后,图书馆服务伦理建设要与图书馆员素质建设相结合。高尚的职业道德不仅能促进自我教育,提高道德修养,还能使图书馆员感受到传播文化、乐于服务他人的责任和义务,促进图书馆员不断学习、钻研业务、提高技能。道德是一个概念,必须依附于一定的实体,对于图书馆员来说,高尚的职业道德就是优良的服务品质。优良的服务品质,其实是高尚的道德品质与优良的职业素质的结合。美国图书馆协会的《职业行为准则》要求图书馆员"不断丰富专业知识",《中国图书馆员职业道德准则(试行)》规定"努力学习专业知识,提高专业素质"。从这个意义上说,图书馆服务伦理建设必须与馆员职业素质建设相结合,二者相辅相成，缺一不可。

　　3.建立以规章制度为保障的他律机制

　　他律，主要是指借助外部的力量使伦理规范得以实施，主要调控方式有立法手段、制度手段、读者监督和评价等，其中规章制度建设是主要保障。十六届六中全会通过的《关于构建社会主义和谐社会若干重大问题的决定》指出："社会公平正义是社会和谐的基本条件，制度是社会公平正义的根本保证。必须加紧建设对保障社会公平正义具有重大作用的制度，保障人民在政治、经济、文化、社会等方面的权利和利益，引导公民依法行使权利、履行义务。"在信息化社会，人们对信息的获取仍然由于其所处地位的不同而存在较大的差异，而图书馆可能是社会中消除信息获取差异鸿沟的唯一值得信赖的机构。

　　规章制度本身就包含着一定的道德观念和伦理价值追求。道德规范制度化，主要是通过建立具体的规章制度来规范图书馆内部的服务活动。规章制度具有较强的可操作性和现实性，可以将伦理规范转化为具体的工作职责、工作态度、工作流程、工作义务等要求，是图书馆服务伦理建设的主要保障。除了渗透到服务伦理中的借阅制度外，还应包括服务规范公开制度、弱势群体服务制度、服务伦理教育制度、服务伦理监督和评价制度等。服务伦理监督与评价体系。

　　（1）服务规范公开制度。服务规范公开制度也叫服务披露，是指服务内容的披露、服务规范的披露、承诺期限的披露和公众监督的接受。一项服务规范的直接意义在于使公共服务活动在读者监督中进行，迫使图书馆员对任何出现的问题都必须做出负责任的描述和解释，做到各项服务公平、公开、规范。

　　（2）弱势群体服务制度。帮助弱势群体能够平等地使用图书馆，使图书馆平等服务的原则得到更好地体现。例如，大学图书馆的弱势群体主要是指那些不能使用图书馆的读者，如残疾学生，图书馆应该为他们提供一些特殊的服务，保证他们也能正常使用图书馆。

　　（3）服务伦理教育制度。道德主要是通过舆论、传统习惯和教育来维护的，因此，加强服务道德教育势在必行。培养方式是在职业教育中设置职业道德课程，提高人的理性判断能力和自我选择能力，使自己的非理性意识朝着专业发展的方向发展，从而提高图书馆员的社会责任和敬业精神，引导其价值观念，规范其职业行为。根据图书馆员职业道德的形成要经历学习期、自律期和道德价值目标的形成这一规律，图书馆员职业道德培养和教育的过程应先培养职业道德意识，再培养职业良心，最后是道德价值目标的形成。

（4）服务伦理监督和评价制度。图书馆伦理建设中有必要设立一个由馆员、读者组成的伦理监督组织。通过伦理监督，如果读者发现馆员违反伦理规范行为，就可以通过读者监督机制迅速向图书馆反应，图书馆可以立即采取措施中止馆员不符合伦理规范的行为。伦理评价包括领导对馆员的评价、馆员对领导的评价、馆员的自我评价以及读者的反馈评价。它主要通过舆论评价或赏罚达到行为警示，即根据评价标准对图书馆服务人员践行伦理规范的情况进行评价，结合评价结果予以适当奖惩。伦理评价不但能激励馆员努力提高服务工作质量，也能产生无形的约束力量使其坚持伦理规范。

4.形成以自我教育为主的自律机制

自律的主要手段是自我教育，是在道德认知、道德情感、道德意志、道德信仰、道德行为习惯等方面，以一定的道德原则和规范为基础，进行自我改造和成就的领域。自我教育的方法包括反省、自我照顾、学习等。

5.经常性反省，进行自我批评

判断自己的思想和行为，消除一切违反职业道德要求的思想，通过定期自我反省，提高自己的职业道德和责任意识。这就要求图书馆员主动加强职业道德建设，遵守《中国图书馆员职业道德规范》。学习是提高道德修养的基本方法，包括学习基本的道德知识和图书馆学专业知识。通过对伦理知识的学习，图书馆从业人员能够树立明确的道德标准，树立正确的伦理信念，懂得如何进行道德修养。通过对专业知识的学习，图书馆从业人员能够具备丰富的理论知识，掌握专业服务技能，为做好服务工作打下基础。

在现实中，图书馆服务伦理的发展和建设面临着诸多挑战和冲突，所面临的社会环境也截然不同。我们必须顺应社会发展的趋势，从信息伦理和网络伦理中汲取有益的营养，并与知识经济时代的大环境相结合。加强对图书馆服务伦理原则、伦理规范、伦理体系、伦理范畴等方面的研究，构建图书馆服务伦理文化，形成较为完整的理论体系，也是我们不懈努力的方向。

第三节　图书馆网络信息服务的效益及评价

作为公众信息服务机构，图书馆网络信息服务的效益首先是社会效益；其次，由于市场经济和服务业的发展，图书馆的网络信息服务对其自身而言，还具有一定的经济效益。

一、图书馆网络信息服务的效益

（一）图书馆网络信息服务的社会效益

图书馆所进行的网络信息服务，虽然有比传统信息服务更多的竞争和挑战，但是它带来的社会效益（或者称为其具有的社会功能），却是其他网络信息服务机构，如ICP或其他普通网站所不能比拟的。综合起来，图书馆网络信息服务具有的社会效益主要有以下三个方面。

1.数字化信息资源的门户

传统的图书馆历来就是文献信息的集散地，而图书馆的网络信息服务机构自然就成了利用数字化信息资源的门户。由于图书馆良好的社会形象和社会地位，在利用数字化资源包括网络资源的时候，用户的首选就是图书馆的网络信息服务。图书馆的网络信息服务部门之所以被称为数字化信息资源的"门户"，不仅仅是"集散地"，原因还在于通过互联网，图书馆还可以方便地为用户提供数字化信息资源网络导航、资源导航、搜索引擎等服务，使图书馆提供的网络信息服务成为用户查询和利用网络资源甚至所有数字化信息资源的必经之路。

2. 数字化信息资源的标准化标目

数字化信息资源包括网络信息资源，它们的组织和整理都有待完善，这是数字化信息资源的广泛利用受到阻碍的主要原因。国外学者认为，图书馆的编目员常常是知识组织的专家，完全可以将他们多年来组织知识、信息的理论研究成果和经验进行相应的调整和扩充，然后运用于网络信息的组织之中。始于 1995 年并行之有效的元数据（meta data），便是这方面成果的明证。联机计算机图书馆中心（OCLC）也已开始实施一项"给因特网编目（cataloguing the internet）"的研究计划，该计划拟通过应用 USMARC 格式和 AACR2 对网上信息资源进行标准化标目。

在实践中，一些图书馆员已经与来自不同学科领域的计算机专家合作，制定出了各种描述和检索数字化信息的标准，这些数字化信息包括全文本文献、网络资源、电子期刊和其他资源。目前，用于描述印刷和数字化信息的标准除美国的机读目录（USMARC）外，还有由计算机研究者研制的文本编码倡议（text encoding initiative，TEI）标目，该标目用于描述以 SGML 编码的电子文本，以及用于检索网络信息的统一资源（uniform resource citation，URC）标准。

3. 成为社会教育机构

国外图书馆学专家认为，图书馆在 21 世纪将成为学习中心，之所以称之为"学习中心"，是强调它不仅仅是对原有图书馆的一种更新，而且是向一种集教学改革和信息技术发展于一体的集成学习环境的转变。随着图书馆服务与因特网的结合，图书馆将成为全球性的社会教育机构，依靠其丰富的信息资源和强大的信息组织能力，在学校教育、互联网培训、远程教育以及社会终生教育中发挥重要的作用。

　　随着因特网的发展和资源共享的进一步扩大，图书馆汇集和自由地流通着各种各样的教育工具，并借助它们传播知识。图书馆网络信息服务的一系列工作的目的都是对社会成员进行思想政治教育、智力教育、素质教育和科学技术教育。这些教育有别于家庭教育、学校教育和自我教育，不受时间和空间的局限，没有年龄和性别的要求，因而是一项宏伟的教育工程，从而使开展网络信息服务的图书馆成为重要的社会教育机构。

　　图书馆在信息资源数字化建设、网络协议和标准的制定、提供利用网络的场所、公众信息咨询等方面，也能够为社会提供服务，带来一定的社会效益。不能忽视的一点是，通过图书馆的网络信息服务所间接产生的效益，即由图书馆的网络信息服务带来的科技、文化、经济等社会效益，用长远的眼光来看，是不可估量的。

（二）图书馆网络信息服务的经济效益

　　这里我们不讨论图书馆网络信息服务所产生的宏观或间接经济效益，单纯从图书馆的角度出发，讨论图书馆从事网络信息服务所能为自身带来的直接经济效益。也就是在市场经济环境下，图书馆提供网络信息服务的盈利点。目前，图书馆的经费来源主要有三种：拨款、赞助和创收。网络信息服务的收益其实就是图书馆经费来源中"创收"的一部分。

　　图书馆网络信息服务的收益点主要有如下几个方面。

　　1.广告收入

　　互联网广告是当前大多数网站除获取风险投资外的一个主要经济来源。互联网广告的形式多种多样，有广告横幅、弹出页面、浮动LOGO、搜索引擎、调查问卷、文字链接、多媒体等，形式不一而足，其收费也各不相同，主要是根据网站的访问量、点击率以及广告在网站和网页上的位置来决定。

　　2.有偿服务

　　图书馆是一个公益性的社会信息服务机构，按理说不应该对服务进行收费。但是，由于国家对图书馆投资的相对不足，以及经费支出的不断增加，图书馆就需要通过对极少数成本较高的服务或者有特殊要求的服务进行一定的收费，以此来补充自身经费。特别是图书馆的网络信息服务、数字化成本、电脑与网络设备以及技术方面的支出，已经远远超出了图书馆固定经费所能承受的范围。在国外，图书馆开展部分有偿服务的情况相当普遍，如世界著名的大英图书馆，每年的有偿服务创收金额大约为 3 000 万英镑，是其经费来源的 30%。

部分地实行有偿服务，并不会改变图书馆为社会服务的性质，也不会影响用户使用图书馆的资源。因为实行收费的项目的范围是极其有限的，收费也只是象征性地回收部分成本。

对于图书馆的网络信息服务而言，可以实行有偿服务的项目主要如下：针对网络信息资源的定题服务；E-mail 服务；电子文献传递服务；网络信息检索服务；信息咨询服务；主页制作服务；在线（远程）教育；等等。收费的方法也不同：可以按年度收费或按月收费；可以对某项服务按次收费；可以限制免费使用的次数；等等。总之，实行有偿服务，是使图书馆和用户都满意的一种合理、有效的方式。

3. 会员会费

吸收会员并向会员收取一定数量的会费，也是图书馆网络信息服务的一个经济来源。当然，这项经费是"取之于民，用之于民"的。会员缴纳会费后，可以优惠甚至免费使用上述的有偿服务项目，而且会员还可以享受一些特殊服务内容，如定制个性化的图书馆主页、参加图书馆的会员活动等。

二、图书馆网络信息服务的质量评价

对于网络信息服务的质量，目前还没有固定的评价标准。在这里，我们只是提出几个较为普遍性的指标，来对图书馆的网络信息服务质量进行一定程度的衡量和评价，可以算作一个原始的质量评价体系模型。下面四个评价指标的基准分都是 10 分，并有不同的权重，两者相乘便是该指标的得分；四个指标得分相加即为总分，满分是 100 分。

（一）网络信息服务系统的访问量

Web 站点、FTP 服务器、BBS 系统等图书馆网络信息服务系统的用户访问量，是从总体上粗略描述图书馆网络信息服务质量的一个标准。需要说明的是，这里的访问量并不是指该系统总的访问人次，而是指日平均访问量。访问量可以通过信息服务系统自己设立的计数器来获得。由于这项指标只是反映了图书馆网络信息服务的访问人次，并没有体现信息资源的使用情况和服务质量，因此该指标权重为 1.5。

（二）网络信息资源的利用率

反映网络信息服务质量高低的一个重要标准，就是网络信息资源的利用率。这可以根据该信息的日均点击率除以当日的系统访问人数来获得。总体的信息资源利用率则是所有网络信息的平均利用率，这是反映图书馆网络信息服务质量的重要指标，其权重为 3。

（三）用户信息需求的满足率

这是四个指标中最为重要的也是最难统计的一项。它主要是指用户向系统发出的请求的满足率和用户欲获取信息的实现率，这需要编制专门的程序来进行统计，并且需要由专人负责；或者，我们还可以通过调查表的形式进行抽样统计。这项指标的权重为 3.5。

（四）信息服务的可靠性和灵敏度

可靠性是指获取信息的准确程度，即图书馆的网络信息服务是否值得用户信赖。灵敏度是指对用户需求的响应速度，即图书馆的网络信息服务是否能尽快地满足用户的需求。两者其实就是用户的满意度。这两个方面的数据，只能通过抽样统计来获取。主要调查对象是图书馆网络信息服务的用户。此项指标的权重为 2。

上述四个标准都采用百分率来计算（第一项标准以日均访问量 2 万

人次为最高限，实际访问量除以 2 万即是该项指标的百分率，高于 2 万的均为 100%），将该项指标的百分率乘以满分 10 分再乘以权重，就是该项指标的得分；四项指标的得分相加，即为总分。根据这四个标准和评分办法，假如某图书馆的网络系统日访问量为 1.2 万人次，网络信息资源利用率为 60%，网络用户需求满足率为 75%，网络用户满意程度为70%，那么其网络信息服务质量得分就为 67.25。就目前的情况而言，这是一个服务质量较高的图书馆网络信息服务系统。

需要说明的是，这些评价指标和评价方法，是参照美国学者 Leonard L. Berry 等人创立的用于衡量图书馆服务质量的 SERVQUAL 评价方法设计的。因此，它只是一个初步的、还没有经过更多实践检验的图书馆网络信息服务质量的评价方法，需要进一步研究和改进。

在将来的发展过程中，网络信息服务将成为与图书馆传统信息服务并驾齐驱的一个重要组成部分。不过，需要明确的一点是，尽管网络信息服务的发展前景非常广阔，但是它永远不可能取代或者削弱图书馆的传统信息服务。只有两者的相互依存和相互促进，才会有图书馆信息服务的长足发展，而且两种服务之间不存在任何的矛盾和竞争。可以这样说，它们存在的形式一个是现实的，一个是虚拟的，但不论形式如何，其宗旨都是为社会服务、为用户服务。

第四节　图书馆信息服务创新体系构建

图书馆信息服务创新体系是整个国家创新体系中不可缺少的一部分。其涉及图书馆服务的方方面面，包括服务观念的创新，服务内容、服务方式的创新，信息技术的创新，人才的创新，组织管理的创新，等等。在整个创新体系中，观念创新是图书馆信息服务创新的前提，服务内容创新是基础、是核心，信息技术的创新是关键，人才和组织管理的创新是保障。各个方面相互影响，相互促进，同时又相互制约，所以应协调好各个方面，使其和谐地发展。下面从创新理论在图书馆信息服务创新中的实际应用出发，论述信息服务创新体系中的几个重要方面。

一、树立品牌服务意识，开展特色化服务

在人们的心目中，图书馆一直是文化和知识的殿堂，具有一定的知名度、美誉度和公信力。其在信息资源、人力资源、技术和广泛的用户基础等方面的独特优势，为图书馆开展营销活动提供了有利条件。然而，面对激烈的信息服务市场竞争，图书馆如果继续抱着传统保守的服务理念，或者一味追求所谓的大型化和个性化，没有自己独特的服务内容和服务品牌，就不会成为"拳头"服务项目，就注定要在竞争中失败。首先，应该从概念的角度出发，每个图书馆都要树立品牌意识创造自己的特色和品牌。其次，图书馆服务品牌的建立，就是通过同行业的特色服务形成差异化的优势，然后利用品牌营销来赢得更多的用户，从而巩固自身的市场地位。

品牌的建立需要特色服务的支持。特色服务的发展不是盲目的，而是要根据实际情况有针对性地发展。各图书馆应根据自身的服务领域和承担的任务，通过横向比较和纵向分析，集中精力对确定的服务项目进行人力、物力和财力的研究，努力使信息产品具有最大的附加值。

二、分级管理信息，提高信息服务质量

（一）加快馆藏信息资源的采集和传输，提高信息服务的及时性

馆藏信息资源的采集是根据用户的信息需求来采集有针对性、有价值的信息资源。因此，深入了解用户的信息需求显得尤为重要，它是信息资源采集的前提，只有对口的信息资源才能使用户真正利用起来。另外，

信息是具有第一时间性的，无论是传统的印刷型信息资源，还是网络化数字资源，都具有时间第一性。这就要求图书馆员加快信息的采集，争取在信息产生的第一时间将其提供给用户，提高信息服务的及时性和效用，这也是多数图书馆开展新书阅览室的原因所在。经过采集、加工好的信息通过合理有效的传输才能真正为用户服务，而传输的速度和工具也会影响到用户获取服务的及时性。因此，在馆藏信息资源的生命周期过程中，要加快传输速度，合理利用各种传输方式，改变过去单一的传输模式，充分利用网络和计算机的优势，将多种信息服务方式结合起来，以最快的速度传送到用户手中，使馆藏信息资源的价值在短时间内得到最大程度的发挥，以此提高服务的效益。

（二）科学地存储馆藏信息资源，提高信息服务的可获得性

"可获得性"是衡量图书馆信息服务水平的一个重要指标，尤其是在新时期，信息服务的可获得性将直接影响到用户利用图书馆的信心，所以科学合理地存储馆藏信息资源尤为重要。长期以来，对传统印刷型文献的存储图书馆多数根据流通率采用三线典藏制，且将期刊与图书按学科进行分类分部门管理，这对于想获得同一学科所有文献资料的用户来说就显得不太方便，因为他需要到多个部门才能将这些资料收集齐全。为了改变这种状况，图书馆可合理改变图书期刊资料的存储方式，如对同一学科的文献进行集中管理，为用户提供便捷的集成服务。

对于动态性的数字资源如何进行存储管理则显得有些复杂，这不仅是因为数字资源价值难以确定，而且不断的环境变化也会为管理策略的制定带来困难。如何科学合理地存储管理数字馆藏资源目前还缺乏相应的理论，需进一步研究解决。无论采取何种管理模式，其指导思想是一致的，即降低管理复杂度，提高存储的利用率，以整体最低的成本获得最大的服务效益。

（三）延长馆藏信息资源的生命周期，提高信息服务的深度

随着社会信息化进程的加快，图书馆馆藏信息的数字化程度逐渐提

高，信息的生命周期越来越短。延长信息资源生命周期的唯一途径就是对信息资源进行深度加工，提取信息中所包含的知识，生成新的信息资源，从而为用户提供更深层的信息服务，满足用户高层次的信息需求。信息资源深度加工是指利用各种信息技术，从用户级和技术级对信息资源进行深度开发，使信息的不可用状态变为可用状态。为了提高信息资源利用的质量和数量，可为特定用户开展专题检索代理和数据库处理服务。这种深度研究服务或增值服务既是图书馆创新信息服务的重点，也是信息服务的发展方向。信息不同于煤炭、石油等资源，后者在使用时是不可再生的，而信息资源则完全不同，其价值在于"使用"，收集只会使信息资源失去使用价值，有效利用才能使信息资源获得"新的开发"。

为了加强信息资源的利用，促进信息资源向科技生产力的转化，图书馆必须把信息资源的深加工作为一项重要内容，这是延长信息资源生命周期的必由之路，也是信息使用者发展的需要。简单、低层次的信息利用已经无法吸引更多的用户，只有高质量的服务才能促进信息资源的重用。因此，加强网络信息资源建设，加强信息资源整合与改造，通过建设信息导航数据库、信息深度处理数据库、提供专题分析、学科进展通报等服务是图书馆信息服务工作的创新方向。

三、利用营销策略，提供多样化的服务方式

选择多样化的服务方式和市场细分有两种含义。任何销售都是一种市场营销活动，即根据自己的产品选择一定范围的用户。图书馆信息服务营销就是在了解图书馆信息服务的实际情况和馆藏特点的基础上锁定目标市场，对目标市场中的不同用户进行细分，使所生产的信息产品能更好地贴近各类用户群体，即研究不同用户群体的需求特征，开发适销对路的产品，以不同的服务赢得更多的用户满意度。图书馆是一个多状态的综合体，因此市场有很大的细分空间。由于地域不同、用户不同、藏书重点不同，每个系统中的图书馆都有不同的目标市场。

各级库的复合形式使细分目标市场具有了更大的可能。例如，高校图

书馆服务的学科和用户不同，藏书自然也不同。市场细分是第一步，市场细分的目的是根据用户需要提前一步提供正确的信息服务产品。以高校图书馆为例，其用户可分为两类：一类是教师和研究生，他们对信息的要求较高，应提供"深"和"新"的信息；另一类是本科或专科学生，提供的信息"完整"和"广泛"即可。因此，市场细分的真正目的是为不同的用户群体提供不同的服务产品和服务方式，满足他们的个性化需求。

目前，各图书馆的用户种类繁多，需求变化迅速，对信息服务的质量和方式都有较高的要求。因此，我们不能再按照以前的工作流程为其提供服务。传统的服务模式是以藏馆为基础的，不同的馆之间没有区别，几乎是一样的。但统一模式很难打动用户。目标用户细分策略在营销中的应用，就是根据用户的不同需求将其细分为不同的目标用户群体，并为不同的用户群体提供不同的服务方式，让用户感受到信息服务是真正以他们为中心的。细分不同的用户组，采取不同的服务方式，除了保证展馆的用户享受温暖和体贴外，也同时考虑网络用户的多样性，根据不同的用户需要提供诸如网络资源导航、在线帮助、网上虚拟咨询、网上搜索、网上借阅、网上自助服务等网络服务模式。关注社会弱势群体和边缘群体，积极为他们提供现场服务和力所能及的其他服务，以体现图书馆平等、公正的服务精神。

目标用户细分策略既能保证现有用户不流失，又能利用自身特色和个性化的服务模式和优质的服务内容来吸引更多的潜在用户，拓展目标市场，增强竞争力，从而体现"服务是一种竞争"的便利性战略。提供一站式综合信息服务的便利性战略，意味着企业可以充分满足客户的需求，节省交易时间和成本。图书馆信息服务中应用的便捷性策略是指以"方便用户"为切入点，为用户提供便捷的全方位优质信息服务，方便用户搜索、上网、点击、下载，节省用户使用信息的时间。

图书馆拥有图书、杂志、专题文献资料、CD-ROM 数据库、电子图书、期刊镜像站点等多种信息资源，并逐步向数字化、网络化方向发展。由于拥有这些庞大的信息数据库和完善的信息检索方法和工具，图书馆能够利用自身的优势为用户提供一站式服务。我们有必要将营销中的便利策略应用到图书馆信息服务中，为用户提供一站式的信息服务，这在理论和实践上都是可行的。

（一）一站式服务

一站式服务原本是指商家为了赢得消费者，不断扩大经营规模和产品种类，尽量满足消费者在一个店铺里购买到几乎所有他们需要的商品。大型超市就是一站式商店的一个很好的例子。图书馆信息服务中的一站式服务是指采用最简单的操作，使用户一步就能查询到所需的信息资源，从而实现不同资源、不同数据库的高效整合。一站式服务的本质是服务的整合。开展站点式服务的首要条件是要有丰富的馆藏资源，如果没有丰富的馆藏作为保障，图书馆的信息服务就是一棵没有根的树。虽然丰富的馆藏资源建设对图书馆来说并不困难，但也要制订合理的馆藏计划。既要加强对纸质文献的收集，也要加强对电子、数字文献的收集以及对网络信息资源的组织和开发、对图书馆信息资源的完善和合理配置，从而提高信息服务的能力，为一站式服务创造条件并使之成为可能。

一站式服务要求图书馆信息服务新颖、快捷、准确、完整，为用户提供高质量的信息服务。这就要求图书馆整合信息资源，将不同类型和来源的图书、电子期刊、各种电子摘要和引文数据库以及数据库与图书馆 OPAC 建立有机联系，形成一个整体，使用户通过一个部门或一个界面就可以获得内容完整的信息，满足用户对信息需求的便捷性、创新性、完备性的心理要求。在这方面，中国已经做了比较好的跨数据库检索平台，如 CNKI，它可以将互补的 CNKI 源数据库资源——期刊、博士、硕士论文、会议论文、报纸整合为一个整体，使用户能够独立搜索和使用信息资源。可见，在可预见的未来，一站式服务因其操作简单、努力满足用户需求的特点，将成为现代图书馆服务的主流。虽然存在一些集成和链接技术问题，但这并不影响用户对此类站点服务的需求。

（二）个性化推送服务

我们可以利用促销策略，提供个性化的推送服务。在激烈的市场竞争中，即使产品质量优秀，但如果用户不知道它的存在，它就不会被用户接受，企业也就无法生存。图书馆的信息服务工作也是一样，必须适应市场的变化，采取不同的推广策略，主动为用户提供信息服务，从而挖掘新用户。说到促销，它几乎每天都发生在我们的生活中。商家会根据不同的顾客、不同的地点、不同的时间采取不同的促销手段来吸引更多的顾客。对于图书馆来说，虽然也可以采取不同的推广方式，但是图书馆是一项公益事业，其本身就是紧张的，资金投入越多，做媒体广告花费越多的宣传，至少在前几天是不可取的，图书馆可以采用独特的促销手段，利用自身的资源优势来推广自己的产品，从而赢得更多的顾客。其实，图书馆信息服务中总有宣传理念，如读书日、新书展览、公共讲座等，都是不同的宣传方式。当前，应进一步创新图书馆信息服务的推广，以适应网络时代用户的需求。例如，可以深入研究用户的个性化需求，利用信息推送技术，积极为用户提供个性化信息推送服务。

个性化信息推送服务是指根据用户的特点提供有针对性的信息，并定期或不定期地将资源库中的最新信息自动发送到用户终端的服务。在这项服务中使用的技术，如信息推拉技术已经成熟，并开始在一些商业网站和数字图书馆中使用。例如，著名的康奈尔大学的 My Library 系统，包括 My links、My updates 和 My Contents，以及浙江大学图书馆和郑州大学图书馆开发的 My Library 系统，都具有不同程度的推送服务功能。

（三）个性化推荐服务

个性化推荐服务不仅能根据用户的特性提供具有针对性的信息，还能通过对用户专业特征、研究兴趣的智能分析而主动地向用户推荐其可能需要的信息，是一种比较深层次的、主动性和个性化较强的服务方式。无论是推送服务还是推荐服务，都要分析自身优势，推出重点栏目和精细化产品，只有高质量的信息产品，才能受到用户的青睐。

无论利用何种策略来创新图书馆信息服务，其目的都是明确图书馆价值取向，建立个性鲜明的图书馆服务形象，增强竞争力，吸引更多用户。企业营销的目的是树立品牌效应，图书馆营销也是建立品牌的过程。图书馆的服务品牌是通过自己的某种特性，提供特色的优质信息服务，与其他图书馆服务形成差别优势。

第六章 网络环境下现代图书馆的融合发展路径

第一节　现代图书馆战略管理

"战略"一词起源于古希腊的军事领域，意思是一个将军在指挥军队时应该具备的计划、规划等技能。随着社会的发展，"战略"一词已突破军事领域，广泛应用于社会、政治和经济领域。战略思想在企业中的应用始于 20 世纪 50 年代，并于 20 世纪六七十年代达到顶峰。

战略管理理论是在企业管理实践中发展起来的，因此战略管理理论主要关注企业、产品、市场和竞争对手。虽然图书馆与企业有着本质的区别，但在现代信息社会中，图书馆作为公益企业也面临着竞争的威胁。因此，将战略管理理论和竞争优势引入图书馆领域，将对图书馆的发展具有很大的指导作用。

一、战略管理的概念及特点

战略管理不同于战略的制定。严格地说，战略管理是指从组织的整体利益和根本目的出发，在充分研究组织的外部环境和内部条件的基础上，确定和选择组织的战略目标，以实现组织的长期稳定发展，并为目标的实施和实现进行规划，进而培养组织将这种规划和决策付诸实践的能力，以及在实施过程中控制一个动态过程的能力。在竞争日益激烈的今天，战略管理的成功与否决定着组织竞争的结果。从某种意义上说，战略管理是组织管理的核心和主导地位。一旦做出战略决策，组织的所有活动就必须围绕它展开。战略管理影响组织的每一个部门和每一个业务领域。它的表述需要大量的信息，耗时较长，确认后不易更改。

　　一个组织的战略有不同的层次，战略管理也需要在不同的层次上进行。一般来说，战略管理具有以下特点：

　　（1）全球性。战略管理以组织的全局为对象，要求组织中各部门的活动相互配合，强调战略实施的整体效果。

　　（2）长期性。战略管理注重组织的长期发展，而不是把直接的经营得失作为衡量组织绩效和成功的标准。

　　（3）先进性。一个组织的战略应该走在曲线的前面，因为战略基本上是关于未来的决定。要主动分析环境，把握组织长期发展的基本方向，确定组织在竞争中的地位，提高自身的适应能力和适应性，对环境变化做出快速反应。

　　（4）模糊性。组织战略是关于未来的决策。为了防止在以后的判断中出现错误，战略的制定需要大量的相关信息，但这些信息不可能是完整的，因此战略的制定不可能是完全准确的，它只是给出一个大方向，而不是一切。

　　（5）创造性。组织战略应该有创新的内容，即以新的、不同的方式创造新的、不同的价值，如我们从过去强调产品质量到强调服务质量，现在又提出了顾客体验质量。

　　（6）与企业文化相结合。组织战略管理的实施应该贯穿于企业的基本价值之中，形成一种强大的无形资源。

　　（7）挑战性。一个组织的战略目标不应该太简单。它应该造成一定的资源紧张，可以通过企业自身的努力和战略调整迅速加以弥补，体现企业的主动性。

　　（8）竞争性。组织的竞争战略具有很强的针对性，组织的战略管理应始终密切关注环境，特别是竞争对手的信息。只有充分掌握和了解竞争对手的情况，才能在竞争中占据有利地位，获得竞争优势。

二、战略管理的过程

（一）外部环境分析

外部环境分析包括两部分：一般环境分析和产业竞争环境分析。一般环境是指政治、法律、经济、社会文化、技术等方面，产业竞争环境是指产业结构。

（二）内部环境分析

内部环境分析分为三个层次。第一个层次是产品市场关系分析，即确定组织的业务领域，解决产品结构问题，主要因素是组织的吸引力和相对竞争地位。第二个层次是分析组织的价值链，即确定组织的活动结构。价值链分析从价值创造的角度将组织活动作为一个整体联系起来，分析每一项活动为用户创造的价值和每一项活动的成本，从而分析组织的竞争优势。第三个层次是分析组织的资源和能力。资源是指创造价值的资源，包括财务资源、理化资源、技术资源、创新资源和业务资源。

（三）制定策略

战略制定包括确定组织的使命，结合外部和内部环境分析，制定长期目标，制定替代战略，选择具体的实施战略。在战略制定过程中需要解决的问题包括进入哪些新产业，放弃哪些新产业，如何配置资源，是否扩张和多元化。

（四）战略的实现

根据战略制定长期目标，制定相关政策，建立有效的组织结构，调整组织管理方向，培养支持战略实施的组织文化，激励和培训员工，合理配置资源，并通过多种手段实施战略执行。

（五）战略控制

由于内外因素的不断变化，所有的策略都会不断进行调整和修改。

组织必须时刻关注外部环境和内部因素，衡量已实现的绩效，评估现状与预期之间的差异，并对不利的情况及时采取纠正措施。

三、现代图书馆战略管理的组织与实施

现代图书馆战略管理是指图书馆从整体利益和根本目的出发，为了获得长期稳定的发展，在充分研究现代图书馆的基础上，根据外部环境和内部条件，确定和选择一定的战略目标，并在战略实施过程中进行相关规划与决策，以及控制实施过程中的每一个动态过程。

（一）现代图书馆战略管理的目标

随着战略管理的实施，图书馆将更好地了解内部资源条件和外部环境的变化，从而采取相应的措施来创造和保持核心竞争力。具体目标如下：①根据现有资源和能力，制定长期发展规划，避免工作中的盲目性；②根据内外部环境分析，建立高效灵活的组织结构和管理模式，提高工作效率，适应现代竞争环境；③更好地了解新时代用户的新信息需求，根据用户需求开展信息服务，提高信息服务水平和质量；④根据用户需求，完善馆藏结构，促进馆藏资源合理化；⑤掌握现代信息技术的最新动态，促进信息工作和服务手段的现代化；⑥根据战略需要，制定人员规划，以防止人员随意流动；⑦加强图书馆间的合作，增强图书馆产业实力，发挥图书馆合作网络作用，实现真正意义上的资源共享。此外，图书馆战略的制定和传播有助于政府和公众加深对图书馆的了解和理解，从而获得人力、物力、财力的支持。

（二）现代图书馆的自我审视

关于信息社会中现代图书馆的自我审视有以下几点：

第一，取之不尽的文献和信息资源。图书馆的社会功能之一是保护文化遗产。经过多年的积累，图书馆资源已经从单一的印刷类型发展到印刷、音视频、电子等多媒体类型并存，形成了综合的多功能信息安全体系，以新的资源优势服务于社会。

第二，信息技术优势。现代图书馆具有成熟的信息分类和检索技术。图书馆将结合现代计算机搜索、超文本链接和多媒体搜索技术，开发出适应互联网环境的高效搜索工具，在信息社会中发挥更大的作用。

第三，人力资源优势。现代图书馆拥有一支稳定、庞大的具有信息开发能力的员工队伍。他们有着丰富的工作经验，为图书馆事业的发展做出了巨大贡献。

第四，设备优势。近年来，现代图书馆的自动化建设取得了一定的成就。比如，快速发展的图书馆实现了各个工作环节的自动化，建设了数字图书馆和图书馆网络。此外，大型图书馆可以得到国家的大力资助，引进各种先进的信息技术设备。

图书馆具有促进社会信息交流、开展社会教育、保护文化遗产、提供文化娱乐和维护社会稳定的功能。现代图书馆作为一项公益事业，应坚持其公益性，保障广大群众的基本信息需求，努力缩小信息差距。现代图书馆必须认识到，图书馆的社会价值与其自身的工作或为社会提供的服务以及社会对图书馆的需求程度成正比。现代图书馆要想发展，实现其社会价值，得到社会的认可，就必须向社会提供优质的信息服务。与传统观念不同，现代图书馆必须为政治经济提供直接支持，真正参与社会经济政治建设。需要强调的是，直接支持并不是为了盈利，而是为社会提供信息服务，以满足公众的基本信息需求，推动社会信息化进程。现代图书馆要为人民群众服务，开展经济研究、经济信息咨询、商业数据库建设和人才培养。现代图书馆要为科研服务，跟踪调查科研项目进展情况，提供相应的科研信息服务。现代图书馆要服务于社会公众，保证政府决策的信息需求，引起社会公共服务的重视，使其加大对图书馆的投入。现代图书馆作为一项公益性事业，要注意不能与其他社会信息服务机构进行完全的竞争。

图书馆合作网络是现代图书馆的宏观发展方向。网络是信息化和信息资源共享的物质基础，也是现代图书馆发展的必由之路。我们要结合中国国情建设自己的图书馆网络，结合行业网络建设和发展的实际，建立层次协调的资源管理体系，发展各类信息资源的重点开发、布局、分区，规划不同节点层次的信息资源建设工作，提高工作效率。

现代图书馆的微观发展方向是复合图书馆。随着网络技术的发展，信息的传递变得越来越方便，有人提出未来的图书馆是一个虚拟图书馆，实体图书馆已经没有存在的必要。实际上，虚拟图书馆与传统图书馆的关系并不是一种替代关系，而是一种相互依存、相互促进的关系。如果没有传统的图书馆对文献信息进行选择、收集和处理，虚拟图书馆的信息资源就会相对不足；相反，如果没有虚拟图书馆提供新的信息环境，传统图书馆就无法突破原有工作的局限，而有限的馆藏和服务也就不能完全满足用户的需求。

可见，虚拟图书馆是在传统图书馆的基础上建立起来的。同时，网络虚拟图书馆也为传统图书馆的进一步发展提供了契机。复合型图书馆既继承了传统图书馆的文献资源，又进行了印刷、音像、电子、网络等全方位、多功能的信息保障体系建设。它既继承了传统图书馆成熟的信息分类和信息检索技术，又发展了现代计算机检索、超文本链接、多媒体检索等新型信息技术，不仅要发展基本的借贷业务，还要拓展网络导航、网络阅览等新的服务领域。复合图书馆是未来图书馆的发展方向，它的建设可使现代图书馆更充分地发挥其社会功能，更好地为社会服务。

（三）现代图书馆的战略实施

（1）现代图书馆的业务流程。要想使一本书在图书馆与读者见面，需经过购买、登记、检查、分类、编目等许多工序，而各工序和各部门的等级不同，各部门之间协调困难，工作效率低，浪费了大量的时间。现代图书馆要充分利用现代信息技术，提高工作效率，为用户节省时间。传统图书馆的业务流程落后，降低了现代信息技术工作效率，计算机和网络往往只是一个装饰，或只起到很小的作用。因此，有必要对传统图书馆的业务流程进行重组，削减不必要的部门，将支离破碎的业务流程重新组合在一起，以提高工作效率和质量。

（2）现代图书馆的组织结构。传统图书馆按职能划分部门，形成金字塔式的组织结构。现代图书馆把用户放在第一位，从用户的角度来设计组织结构，而且通过业务流程再造，降低了自身结构层次，逐渐向扁平化方向发展。组织结构的缩减总是伴随着决策层级的下降。随着决策层级的降低，管理人员的传统职能即被削弱，管理人员的数量相应减少，最终的管理层次也必然降低，从而促进集中与分散的有机结合，使现代图书馆的整体管理更加合理、高效。

（3）现代图书馆的文献资源建设。现代图书馆的文献资源建设概念应深化、扩展为信息资源建设。在馆际互借与资源共享的前提下，应利用有限的经费，购买重要和适用的印刷本图书、期刊等传统文献，同时利用网上信息，建设虚拟馆藏，加强网上电子期刊的订购、管理，注重新型媒体文献的入藏工作，加强各类型数据库的建设，有选择地将传统馆藏文献转化为电子出版物，大力加强馆际协作，加强全国性的文献资源保障体系建设工作。在此基础上，现代图书馆的信息资源建设还要突出本馆特色。

（4）现代图书馆的人力资源管理。现代图书馆对图书馆员提出了更高的要求。他们不仅要具备图书馆学、情报学等专业知识，还要具备数据库管理能力、网络环境下的信息收集和处理能力、信息检索工具生成能力、网络信息利用能力、计算机操作能力及人际沟通能力。同时，他们要有开放性、服务性、使用性、经济性、效益性、资源共享性等理念。经过业务流程再造，现代图书馆不再是一个人只做一种工作，图书馆员有可能参与整个业务流程，每个员工都将得到更大的自主权。现代图书馆的人力资源管理与过去相比发生了巨大变化。过去员工只需在上岗前进行简单的培训就能在之后完成高度专业化的工作，但现在工作的性质发生了变化，简单的培训已不足以解决问题，需要全面的教育。员工不仅要做复杂的工作，还要有成熟的判断力，在自己的工作范围内有更多的自主权来作出各种与工作相关的决策。

（5）现代图书馆的组织文化。组织文化是指一个组织的指导思想、经营理念和工作作风的总和，包括价值观、行为准则、道德规范、文化传统、习俗、仪式、管理制度和组织形象。现代图书馆的建设需要对传统图书馆进行巨大的变革，而改革的成功需要广大图书馆员的积极配合。组织文化描述了组织成员作为一个整体所共有的价值观和意识形态。如果图书馆具有较强的文化特色，就会激发工作人员的积极性，统一全体工作人员的意志，为复合图书馆的建设提供原动力。同时，建立良好的组织文化有利于树立图书馆的健康形象，引导领导重视，争取社会支持与合作，吸引更多的读者和用户。

第二节　数字图书馆的建设

一、数字图书馆的概念与特征

（一）数字图书馆的概念

数字图书馆，通常又称为电子图书馆、虚拟图书馆、无墙图书馆（library without walls）、全球图书馆以及网上图书馆等。[①]对数字图书馆概念的界定，将直接影响对其相关方案的设计和实施。自 20 世纪 90 年代以来，国内外相关机构、学者、专家对数字图书馆的概念提出了近百种看法，但至今尚未形成对于数字图书馆比较统一的定义。

数字图书馆是若干联合机构的总称，它使人们能够智能地和实实在在地存取全球网络上以多媒体数字化格式存在的、为数巨大的，且

---

① 张炎，邵素云．数字图书馆及其相关技术基础 [J]．现代情报，2002（10）：131-132.

仍在不断增多的信息。① 1995 年，美国研究图书馆协会（American Association of Research Libraries，简称 AARL）归纳总结了 20 世纪 90 年代前期数字图书馆各种定义中具有共性的五个要素：①数字图书馆不是一个单一实体；②数字图书馆需要链接许多信息资源相关技术；③多个数字图书馆及信息机构之间的链接对最终用户透明；④全球范围存取数字图书馆与信息服务是一个目标；⑤数字图书馆的收藏并不局限于文献的数字化替代品，还扩展到了不能以印刷形式表示或传播的数字化人造品。

中国国家图书馆（National Library of China）这样定义数字图书馆：数字图书馆为国家信息基础设施提供关键性信息管理技术，同时提供其主要的信息库和资源库。而且，其认为"数字图书馆是国家信息基础设施的核心"②。1997 年后，中国图书馆学界也掀起了研究数字图书馆的浪潮。1999 年，赵伟在《数字图书馆研究的历史和现状》中提出：数字图书馆是以数字形式存储和处理信息的图书馆，是将计算机技术、通信技术、微电子技术等合而为一的信息服务系统，且主要由三大部分构成：数据库管理服务系统、图书馆网络通信系统、数字化的信息资源系统③。高文认为，数字图书馆是以电子格式去存储的海量的多媒体信息集合，并且能对这些信息资源进行高效的操作，如插入、删除、修改、检索、提供访问接口的信息保护等。刘炜等人为数字图书馆下了一个较为宽泛的定义，即数字图书馆是社会信息基础机构中信息资源的基本组织形式，这一形式满足分布式面向对象的信息查询需要。④

结合以上不同国家的机构和个人对数字图书馆的不同定义可以看出，

---

① 王嫦娟，葛秋菊，孔燕. 美国的"数字图书馆首倡"计划 [J]. 图书馆杂志，1999（4）：22-24.

② 徐建华. 现代图书馆管理 [M]. 天津：南开大学出版社，2003：89.

③ 赵伟. 数字图书馆研究的历史和现状 [J]. 情报科学，1999（2）：193-195，199.

④ 温国华. 浅谈高校图书馆人力资源的开发与管理 [J]. 科技创新导报，2009（3）：180.

数字图书馆的概念尽管尚未统一，但这一概念并不是孤立的，而是传统图书馆概念的扩展和延伸，是未来图书馆的普及方式和发展方向。若要给出一个综合性的定义，可以认为数字图书馆是利用先进的数字化技术，对具有价值的文本、数据、图像、音频、软件等信息资源进行储存和处理，将计算机网络、微电子、通信等技术集成运用于图书馆的现代信息服务系统。读者可以借助互联网轻松地访问数字图书馆，数字化和无纸化是数字图书馆的重要特征。

（二）数字图书馆的特征

与传统图书馆相比，数字图书馆具有如下三个特征。

1.信息资源数字化

传统图书馆的物质基础是藏书，而数字图书馆则是信息资源数字化。信息资源数字化是指图书馆中所有信息资源都以数字化的形式存在，这些信息包括经数字化转换而来的文献或原本就以数字形式出版的信息。数字化资源按照类型分类，包括图书、期刊、工具书、音频资料、视频资料等；按照文件格式分类，包括位图形式的页面、经 SGML 编码的特殊文本文件、CD—ROM 中的信息或本地局域网中的资源等。

与传统图书馆相比，数字图书馆的信息资源数字化特征不仅有效调和了有限馆藏与无限需求之间的矛盾，而且还在不同地区间对海量的文献信息资源进行了调配。

2.信息传播网络化

信息传播网络是数字图书馆建立内部业务组织和提供外部服务的技术支撑。也就是说，数字图书馆只能通过网络来运作，没有网络就没有数字图书馆；当网络中断时，数字图书馆的服务也会暂停。因此，保持网络的畅通是数字图书馆运行的关键。

传统图书馆为读者提供的是面对面的图书借阅，读者在一定的时间和地点所能获得的信息量非常有限。数字图书馆利用网络将信息汇集成数据库，为不同时间、不同地点的不同读者提供借阅服务，有助于真正实现资源共享。

3.信息技术特色化

数字图书馆除了采用常见的网络技术和计算机技术外，还具有自身的特色技术，即"信息技术特色"。现有技术包括超大规模数据库技术、分布式资源与运营管理技术、多媒体信息索引与检索技术、安全技术、数据仓库与在线分析及处理技术、信息抽取技术、数据挖掘技术、自然语言理解技术等。

信息技术的不断创新将是数字图书馆发展的动力。建设特色信息技术是当前数字图书馆建设的重要内容之一，也是各国数字图书馆未来的发展方向。

二、高校数字图书馆的建设意义

众所周知，高校是科技创新、文化建设和社会进步的重要推动者。图书馆是藏书、借阅和交流的主要载体，对促进社会经济发展起着至关重要的作用。数字图书馆正是借助数字信息技术的飞速发展，使图书馆的服务功能发展到了一个更加完善的程度。因此，将数字图书馆引入高校，并在借鉴国外经验的同时，结合我国实际情况不断完善高校数字图书馆建设具有重要意义。

（一）加速信息传播

高校图书馆的一个重要任务是开发信息素质教育，培养读者的信息意识和获取、使用文献的能力。为响应国家号召，高校图书馆应提供相应的设备和条件，以加快读者获取和传播文献信息的速度。

与传统图书馆"书与人""人与人"的信息传播方式相比，数字图书馆借助网络资源，快速、准确、安全地发送和获取来自世界各地的建议，它突破了传统纸质图书馆在时间和空间上的限制，集信息采集、组装、存储、交流和维护于一体，加快了知识的传播和更新速度。此外，由于数字图书馆的信息资源是为高校师生服务的，因此在学术和专业方面具有独特的优势。

当前，网络信息系统已成为大学生获取信息资源的重要渠道。数字图书馆已成为高校不可缺少的资源。加强高校数字图书馆建设，对加快信息传播、开展读者信息素养教育具有重要意义。

（二）丰富馆藏

馆藏资源是高校图书馆的灵魂，是信息载体和物质基础，是高校图书馆可持续发展的前提。馆藏资源建设是高校图书馆开展各项业务活动的基础。高校图书馆应在原有的基础上丰富馆藏资源，优化馆藏结构，提高高校图书馆的核心竞争力。

高校数字图书馆的建设，一方面可以将馆藏信息从纸质图书扩展到图像、音频、视频、计算机程序等数字信息，以满足不同读者的需求，丰富馆藏资源。另一方面，根据服务对象的不同，建设一个学科或跨学科重点数字信息图书馆，有利于形成各具专长、优势互补的高校数字图书馆共存的有利局面。从这个角度出发，我们可以认为高校数字图书馆在优化馆藏方面发挥着重要作用。

（三）提升拓展服务

高校图书馆的服务质量取决于读者的满意度，提高服务质量是大学生和科研人员对高校图书馆工作的迫切要求。传统高校图书馆提供的服务主要是文献查询、借阅和咨询服务。图书馆员是图书馆服务的主要提供者，服务模式相对单一。随着信息时代的不断发展，传统高校图书馆所提供的服务越来越不能满足高校读者日益增长的需求，高校数字化图书馆建设的紧迫性日益显现。

数字图书馆以信息资源建设为中心，建立了相应的资源库和各种数字资源独立管理平台。基于这样的特点，读者可以通过检索找到自己需要的信息，享受人工智能检索、定制咨询等方便优质的服务。具体来说，一方面，高校师生可以随时随地在网上借阅、查询、阅读、咨询、讨论等，甚至可以通过高校数字图书馆进行师生之间的指导和交流。另一方面，高校图书馆之间可以通过网络实现教学科研资源共享。高校也可以通过数字图书馆将资源开放给政府和企业，以便更好更快地将学术成果转化为生产力。

（四）节省管理费用

高校图书馆建设管理费用主要包括图书馆建设的投资和维护费用、各种设备及其运行费用、文件和信息资源的采购费用、管理和服务人员的费用等。从管理和运营的角度来看，如果能够节约高校图书馆的管理成本，那么它的运营成本将会得到有效的降低，从而帮助高校获得更大的经济效益和教育效益。

与传统高校图书馆相比，高校数字图书馆建设在节约管理成本方面具有明显优势，主要表现在以下两个方面：一是数字图书馆将大量的数字信息存储在大容量的磁盘存储器中，信息存储高度密集，所占用的物理空间非常小，可以极大地节省建设成本，而传统的高校图书馆则需要占用巨大的物理空间。二是传统高校图书馆运作过程中需要大量的人力，用来管理和处理书刊，因此要付出大量的人力管理成本和服务成本，而高校数字图书馆只需要安排一定数量的技术和管理人员，节省了图书馆服务和管理人员的相关费用，大大降低了成本。

从多个角度来看，高校数字图书馆建设具有深远的意义。从图书馆的本质出发，建设高校数字图书馆可以加快信息传播的速度，促进高校信息化建设；从图书馆建设的角度来看，数字图书馆建设极大地丰富和优化了高校图书馆的馆藏资源。从图书馆服务的角度来看，数字图书馆独特的自助便捷服务渠道、读者交流与共享平台极大地优化和拓展了高校图书馆的服务；从图书馆管理和运营成本来看，高校数字图书馆的建设节约了大量的管理成本。

三、虚拟现实技术在数字图书馆信息检索和参考咨询中的应用

信息检索和参考咨询都是数字图书馆的重要服务内容，而技术则是保障数字图书可视化与交互性的重要力量。

（一）虚拟现实技术在数字图书馆信息检索中的应用

人类的感知主要来自视觉。数字图书馆中可视化充分利用了人类天生的感知能力。信息可以通过交互性手段更加形象化地进行展示。信息检索可视化主要目的就是保证检索的便捷性以及灵活性。

标准化是数字图书馆的一个新领域，它充分利用了人与生俱来的认知能力。信息是可控制的、交互式的和可视化的。信息检索的视觉简捷性和可视化可使人们充分发挥主观能动性，利用声动力和灵活性、创造性和想象力来了解复杂信息。

当今的计算机技术集图形学、图形处理能力于一身的，可以用来改变以往的人机关系可视化情况。一般来说，可视化可分为两大类：科学可视化和信息可视化。科学的可视化可以用来增强人类的视觉感知，如人类通过使用计算机 X 光片，观察正常情况下肉眼不可见的部分。

信息可视化主要用于查看不是具体的，而是相对抽象的内容。信息可视化有一个共同点，即都是关于信息的。信息可视化对于信息处理和检测也具有重要意义。科学可视化与信息可视化之间还有一个显著的区别，即科学可视化具有固定的数据表或几何结构，而信息可视化则没有。有学者认为，科学可视化的主要任务是为抽象数据忠实地反映和提供空间结构的定义，而信息可视化必须定义空间结构以适应抽象数据表示。

信息检索可视化属于信息可视化。信息检索的可视化是指将数据集中的抽象数据和语义关系转化为可视化显示，并将内部检索过程显示给用户。信息检索的可视化一般包括两个方面，即可视化信息显示和可视化信息检索。主要是信息检索过程和检索结果的可视化，其中检索结果的可视化是最重要的。计算机信息检索与信息组织方式密切相关。从信息检索的角度来看，信息的组织方式决定了信息检索的方式。

1. 数字图书馆信息检索的可视化

信息检索是指按照一定的方式组织信息，并根据信息使用者的需要找出相关信息的过程和技术。信息检索的方法是利用主题词、关键词、摘要等相关条目进行检索，实际上是将问题词与文献标引词进行匹配。

传统的信息检索系统在信息组织、信息存储等方面仍存在一些缺陷，所以浏览在传统的信息检索中不能充分发挥作用。这时，信息检索可视化应运而生。信息检索可视化是将检索结果中的信息资源、用户问题、信息检索模型、检索过程和各种语义关系转化为图形，并在二维、三维或多维视觉空间中进行展示，以帮助用户理解检索结果，掌握检索方向，提高检索效率和性能。信息检索可视化的优势在于减少了人类的认知负荷，提高了人类的感知能力，提高了信息检索的有效性。第一，视觉检索环境下的浏览比传统的信息检索更高效，因为视觉检索的结果更直观、更生动。第二，信息检索可视化实现了信息空间的可视化。第三，信息检索可视化为信息分析提供了一种新的、独特的方法。第四，信息检索的可视化为信息显示手段开辟了广阔的空间；第五，信息检索可视化丰富了信息检索的内容，聚合了复杂的信息内容，为用户提供了方便。

查询和浏览是信息检索的两种基本方式，作为一种信息检索手段，它们各有优缺点。它们不是独立的，而是互补的。虽然查询和浏览是两种不同的信息检索方法，但可以将它们集成到一个信息检索的可视化环境中，具体有三种整合模式。第一个是 QB 模式（query searching and browse），在信息检索系统中，用户提交信息检索的问题类型，将检索结果可视化；第二个是 BQ 模式（browsing and query searching）；第三个模式仅仅是浏览 BQ 模式。

可视化技术提供了人与计算机之间的接口。使用有效的可视化界面，可以快速高效地处理大量数据，而通过信息检索可视化、海量数据可发现隐藏的特性、关系、模式和趋势。信息检索可视化与传统信息检索的根本区别在于知识的直接呈现。

2. 虚拟现实技术可以促进数字图书馆信息检索的可视化

美国著名图书馆学家谢拉曾指出，图书馆的宗旨就是服务，图书馆的基本功能是直接或间接地满足读者的需要。数字图书馆是网络环境下信息服务的典型代表，它可以不受时间和空间的限制，提供信息服务。在数字图书馆中，可视化主要体现在信息资源的可视化、信息检索的可视化和人机界面的可视化方面。虚拟现实建立在计算机仿真技术、人机接口技术、多媒体技术和网络技术发展的基础上。虚拟现实技术作为一种 3D 建模，方便实现交互的高新技术，在数字图书馆信息检索方面，主要应用于信息检索可视化。使用虚拟现实技术不仅可以进行二维和三维图形建模、可视化提供技术支持的数字图书馆信息检索，而且便于用户参与整个信息检索和浏览过程。

信息可视化正在成长为一门学科。事实上，信息可视化是基于 3D 动画的。VR 技术的发展使得三维可视化变得更加容易，也更快速。VR 技术提高了人的模拟感知和实时交互能力，使人们能够将模糊和抽象的概念转化为直接感知的空间现象和可视化。

3. 信息检索中虚拟现实技术应用的思考

信息检索的可视化，尤其是三维信息检索的可视化具有无可比拟的优势。目前阶段，数字图书馆信息检索的可视化主要表现在两个方面：检索过程的可视化和检索结果的可视化，最突出的是检索结果可视化。一方面，可以以图形或者是图像的方式将非空间数据更加直观且形象地展示出来，便于用户对数据信息进行分析和理解，并且能够将深藏在信息之中，无法直接观察到的关联、规律、知识直接显现出来；另一方面，还能够为用户进行信息检索提供更加直观的引导，简化检索操作步骤，提高检索效率。[①]

数字图书馆信息检索可视化和信息可视化，可以弥补传统信息检索的不连续、不显示、无法控制的缺点，可使检索过程变得透明、简单、高效，便于用户了解文献与检索之间的内在关系。可视化的检索结果可以促进动态的深度主题聚类，从而缩短用户理解检索结果的时间。

虚拟现实技术应用于数字图书馆的视觉信息检索，可以促进检索过程和检索结果的三维再现。与二维信息检索可视化相比，它具有更显著的特点。在三维信息检索过程中，生动直观的视觉环境不仅能够提供丰

---

① 　李巧蓉. 浅论图书馆信息检索可视化技术 [J]. 兰台世界，2013（2）：81-82.

富的信息资源，还能够使人真正沉浸在相互的感受中。此外，信息检索路径可以扩展，从而为用户提供便利。

不仅在国外，目前我国视觉信息检索的发展也非常迅速，但主要集中在理论研究、技术方法和实验应用上，真正的实际应用还很少，很多阶段的成果还没有应用到图书馆中。科学技术是生产力。如何将科技转化为生产力，也是数字图书馆信息检索可视化所面临的问题。

（二）虚拟现实技术在数字图书馆参考咨询中的应用

与传统图书馆一样，服务也是数字图书馆永恒的主题。数字参考咨询是数字图书馆服务的重要组成部分。参考咨询是读者向图书馆工作人员或其他专家提出问题并得到答案的一种信息服务。它于1876年首次出现在美国，至今已有130多年的历史。参考文献是充分发挥图书馆信息功能、开发文献资源、提高文献利用率的重要手段。

参考服务作为图书馆服务的重要组成部分，在文献资源开发和报道、读者信息服务、充分利用智力资源、宣传和扩大图书馆影响力等方面发挥着重要作用。随着互联网和信息科学的飞速发展，参考咨询的形式和内容也发生了根本性的变化，数字图书馆的参考咨询方式不断涌现，如网络环境下的在线咨询、可视化咨询等，便于提供实时、动态、便捷、高效的信息服务。

就参考咨询的演变而言，从传统图书馆"面对面"参考咨询、电话参考咨询到数字图书馆实时在线咨询、视觉互动咨询，信息服务内容、服务模式、服务质量和服务效果发生了很大变化。具体来说，在数字图书馆中，数字参考咨询从最初的电子邮件形式回复到实时的网络交流，从博客、微博到现在的"飞民""微信"，变得越来越方便、多样化。虽然QQ、MSN等方法可以促进视频参考的可视化，但视频的交互性不高，无法实现多人、多区域的数字参考。虚拟现实技术以其多感知、可视化和交互性特点很好地解决了这一问题。

1.虚拟会议系统在参考咨询中的应用

视频通信是数字图书馆参考文献中常用的一种通信方式。与电话咨询、电子邮件、表单咨询，甚至网络对话相比，视频沟通更能表达人们的意图，更符合人们的沟通习惯。视频通信的主要方式是利用视频会议，而视频会议则通过网络会议技术实现用户与资料员之间的远程实时交互和"面对面"参考咨询服务。随着可视化技术的不断发展和功能的不断完善，相信越来越多的数字图书馆用户会将视频会议咨询、在线会议咨询等当作首选参考。

虚拟现实技术与通信技术、互联网相结合，可生产分布式虚拟现实系统、协同虚拟现实系统、虚拟空间会议系统等。英国电信（BT）于1998 年成功开发了被称为"网络会议技术革命"的"虚拟会议系统"，改变了以前的"视频会议"概念，虚拟会议开始进入我们的视野，人们对虚拟会议也有了新的认识。"虚拟会议系统"不像过去的"视频会议"那样呆板，缺乏互动性。只要通过互联网或 BT 网络，人们就可以逼真地"坐在"同一间会议室，自然地学习、讨论或辩论各种问题。与以前的"电话会议"不同，与会者不再感到彼此孤立，也知道彼此的眼睛在哪里。主持人可以很容易地看到每一个与会者的表情，调节会议的气氛。如果两名参与者需要就机密话题进行交流，他们也可以设立一个特别的项目来进行交流。"虚拟会议系统"可以实时反映一些简单的手势和动作，给参与者以身临其境的感觉，使他们感觉就像真正在同一个会议室里。

此外，利用虚拟会议系统或虚拟参考咨询空间，可以使数字图书馆用户、专业参考咨询馆员、同一行业的学科专家"坐在一起"，共同讨论。这样，用户可以得到高质量的咨询服务，及时得到所咨询问题的答案。通过网络虚拟视频的方式，还可以减少用户因其他原因面对图书馆工作人员时的不自信或尴尬情绪，从而让更多用户使用数字图书馆，并参与参考服务。

2.参考咨询中虚拟现实技术应用的思考

VR 技术的发展已经不仅仅通过佩戴头盔显示器和传感器手套来实

现，它还包括了所有与自然仿真和现实体验相关的技术和方法。它创造了一种与客观环境相似、超越客观时空、可以沉浸在客观环境中并对其进行控制的和谐的人机环境，即一个由多维信息组成的可操作空间。这种人与计算机自然互动的空间，为数字图书馆的参考咨询服务以及其他服务提供了一种新的方式和理念。首先，除了数字图书馆的参考外，虚拟空间还可以为数字图书馆的学习、培训和教育提供一种新的手段。终身学习、社会教育、职业培训是图书馆日常工作的重要组成部分。与数字参考咨询一样，数字图书馆的用户不仅可以通过虚拟空间直观地参与到图书馆的学习、教育和培训中，而且可以获得比传统图书馆更好的服务，达到真实学习、教学和培训中无法达到的教学效果和目的。

通过在虚拟空间的教学实践，讲师们认为虚拟空间可以为教师邀请其他机构的专业人员参与教学，提供时间和地点上的便利，能有效激发学生的学习兴趣。虚拟空间中学生积极表达自己的观点，积极讨论和分享，学习欲望比在真实课堂中更强。在虚拟教学中，学生可以在不做笔记的情况下，轻松地复制师生之间的对话，以便将来复习，这也为师生之间的交流提供了一种新的方式。数字图书馆还可以借鉴虚拟空间的教育培训方式，这与现有的图书馆教育培训方式有很大的不同。目前，图书馆的教育培训大多需要在图书馆进行，效果不太理想。虚拟空间的学习和培训完全是根据用户自己的兴趣爱好进行的，应该说教育和培训更具针对性。这样的图书馆是真正的终身学习和素质教育场所，是"社会的课堂"。

四、数字图书馆资源聚合

数字图书馆资源聚合是解决数字图书馆资源孤岛、数字图书馆资源超载等问题，促进数字图书馆资源共享的有效途径。

在数字图书馆资源聚合过程中，可以根据数字图书馆资源组织系统的特点选择相应的聚合方法。例如，如果数字图书馆资源和它们的关系被认为是一个知识网络，则每个资源可以被视为一个节点，它们之间的关系资源可以被看作一个方面，然后聚合可以表示为发现利用复杂网络理论和分析方法。如果文献计量学的直接分析对象是文献资源及其关系的集合，则可以使用聚类方法对文献资源的特征进行检索或数据挖掘。基于本体，获取文献资源集合的案例信息，通过概念、概念关系、属性关系进行语义推理，进行聚合，从而揭示文献资源集合之间的关联关系。目前研究中比较流行的复杂网络理论和分析方法与计量学的理论和方法相融合，为数字图书馆资源的语义聚合提供了一种新的手段。数字图书馆资源聚合方法是通过描述数字图书馆资源的各种特征，运用各种聚类模型和聚类形式，揭示数字图书馆资源之间明显的语义关系，挖掘数字图书馆资源之间潜在的语义关系。这些语义关系是聚合的结果，因此聚合的本质也是知识的聚合。为了更好地利用这些知识，必须通过可视化的过程将其呈现出来，并提供给用户。例如，采用形式化概念分析、分层信息可视化、标签聚类等方法对数字图书馆资源进行语义内容查找。从汇聚到可视化的数字图书馆资源不仅可以识别不同主题扩展的数字图书馆资源内涵以及不同属性关系的知识内容，还可以通过可视化的方式挖掘出数字图书馆资源隐含的语义关系呈现给用户，大大提高数字图书馆资源的利用效率。

数字图书馆资源聚合的维度大致可分为两类。一是基于内部特征聚合的数字图书馆资源语义挖掘，包括概念关系分析、本体构建等方法，通过内部特征聚合实现概念语义网络。二是基于外部特征的数字图书馆资源聚合关联发现，运用计量学的理论和方法，包括组织关联发现、学者关联发现、期刊关联发现、主题关联发现、文献关联发现、数字图书馆等各种资源所提供的语义，但不仅是语义对象，它还提供了精确的定量概念关系的方法和手段。这为概念关系的深度推进和数字图书馆资源的聚合提供了定量支持。用户对资源重组的不同需求拓宽了传统意义上的资源重组视角，标志着数字图书馆资源重组"视角"的不断拓展。

第三节 网络环境下现代图书馆的合作与共享

网络环境对图书馆的影响是广泛而深刻的。计算机技术与现代通信技术的结合，为人类创造了一个新的社会信息环境——网络环境。随着信息时代的到来，网络作为先驱者，在新世纪变得越来越重要。信息科学技术的迅速发展，特别是现代科学技术的发展，改变了文学的形式和传播方式。电子图书的出现和电信网的普及从根本上改变了图书馆的外部技术环境。图书馆生活在网络环境中，信息、网络使图书馆与社会保持同步前进，网络延伸到哪里，图书馆的触角就能延伸到哪里。网络环境从各个方面影响着图书馆，促使图书馆重新审视自己的定位。

一、网络环境下图书馆的发展趋势

数字图书馆的出现并没有否定传统图书馆继续存在的基础。数字图书馆与传统图书馆的关系不是替代关系，而是相互依存、相互促进的关系。如果没有传统的图书馆对文献信息进行选择、收集和处理，数字图书馆的信息资源将会匮乏。相反，如果没有数字图书馆提供新的信息环境，传统图书馆就无法突破原有工作的局限，有限的馆藏和服务将难以充分满足用户的需求。可以看出，数字图书馆是在传统图书馆的基础上建立起来的。同时，网络数字图书馆也为传统图书馆的进一步发展提供了机遇。

在一定的时间内，传统图书馆和数字图书馆将长期共存，相互补充，满足用户的信息需求。如今，图书馆是基于数字图书馆的混合图书馆。复合图书馆是数字图书馆与传统图书馆的结合。它不是简单地将传统文献数字化，也不是仅仅提供在线资源供用户使用，而是要求对电子或纸质信息资源进行高度整合。然而，数字图书馆的出现势必影响传统图书馆原有的工作模式，传统图书馆文献信息中心的地位将进一步削弱。传统图书馆必须不断调整未来的发展方向和工作内容，加强管理，改进设备和技术，充分发挥自身的信息优势，才能适应新的信息环境，在信息服务业的激烈竞争中获得生存的基础。

（一）网络环境下图书馆在信息传播中的价值与功能

图书馆作为保存人类社会知识和文化资源的主要社会机构而存在。同时在网络环境下，图书馆可以作为电子文本中心和社会信息技术中心进行科技研发。数据仓库是一种方法、技术和工具的集合，旨在构建信息高速公路上的信息运输工具，进而在统一的平台上将数据传输给用户。

（1）图书馆收集、检索和维护各种形式的知识和信息载体，并为用户查找馆藏提供指导和帮助。总而言之，图书馆的存在对人类在知识进步和文化保存方面超越时空的不懈努力具有深远意义。保存在图书馆的各类信息资源是信息传播和知识创新的源泉。

（2）图书馆长期以来为信息资源共享做出了不懈的努力，建立了社会成员平等获取、使用信息资源和信息设备的社会保障机制，限制了信息垄断。

（3）图书馆的工作方法作为人的思维方式的具体体现，将在网络信息建设和组织中发挥重要作用。

在网络环境下，图书馆理念、信息资源建设和用户服务、组织管理、团队建设等都将突破单一图书馆的局限，而且各图书馆通过网络与其他图书馆、信息机构，以及整个社会信息资源体系建立了密切联系，开始逐步从封闭的个体图书馆向开放的社会大图书馆方向发展。在网络环境下，图书馆的发展方向和社会功能都将发生变化。图书馆的核心任务将从文献信息秩序、文献信息传递、社会教育、文献保存向信息资源组织管理、网络信息导航、信息提供和资源共享以及社会用户教育和培训方向发展。

（二）网络环境下图书馆的发展趋势

网络环境下图书馆的发展呈现以下趋势：

1. 图书馆的理念正在从封闭向开放和创新转变

在传统图书馆中，图书馆标准和图书空间的概念一直占主导地位，只追求单一图书馆的藏书系统和完整性，以满足读者的各种需求。在网络环境下，图书馆领域引入了一系列新的思想和概念，拓宽了图书馆员的视野和思维。人们对信息的价值逐渐形成，利用信息成为信息社会人们的自觉行为。人们形成了大图书馆观，并逐渐意识到图书馆合作与网络化的紧迫性。各图书馆虽然相对独立，但在信息交流活动中应成为不可分割的整体。具有开发意识，即认识到图书馆应通过对信息资源的重组、整合和分层处理，促成高质量、高水平、高智能含量的信息产品；具有开放意识，即认识到图书馆应充分利用图书馆内外的各种资源提供服务，服务对象既包括图书馆读者，也包括网上用户；具有创新意识，即认识到图书馆应不断创造新的服务方式和形式，为用户提供新颖的信息服务。

现代图书馆服务已经从以实体馆藏为基础转向了以全球信息资源为基础，同时图书馆的服务模式也发生了巨大变化，如远程服务、全天候服务、多维服务等。

无论未来科技手段如何发展，实体图书馆如何现代化，服务始终是贯穿图书馆发展过程的主线。然而，读者和社会对服务的要求会有很大的不同，服务的概念也会有根本性的转变。服务理念的创新必须遵循三个基本原则，即国家指导原则、市场调节原则和图书馆自主发展原则。

2. 图书馆信息资源建设的内容扩展，重点突出特色资源

在网络环境下，图书馆的文献资源建设已不再适用传统图书馆藏书建设的标准，而应加强电子文献的收集和利用，形成自己的网络资源。信息资源的选择与筛选，从传统的文献信息源转到了网络信息资源，同时信息资源的特色建设不仅是文献馆藏的特色建设，还包括对互联网上特色资源的挖掘和对自身特色数据的开发。只有形成自身的馆藏特色，

图书馆馆藏资源和网络资源才能在网络环境中发挥积极作用。特色资源的建设应该基于图书馆的特点、性质、任务和读者的需求，调查、分析和研究现有文献的结构、文学结构、时间结构，同时保证构思围绕资源和学科优势，从而使图书馆拥有独特资源。

3.图书馆文献信息的载体和来源日趋多样化

传统图书馆中的藏书以印刷出版物为主。在网络环境下，文献信息资源的收集不再以纸质为主，而是朝着与多媒体共存的方向发展，可利用的文献资源正在迅速扩大，既有传统的纸质图书，也有虚拟出版物。图书馆的馆藏将以三种形式存在：传统图书、电子出版物和图书馆外资源（主要是在线数据库和虚拟图书馆资料）。随着现代技术的广泛使用，各种文学之间的转换载体逐步转为机器电子出版物，如CD、软盘、光盘等，它们很容易编辑、检索、转让、复制，快捷方便，已经引起了人们的关注，越来越受到人们的欢迎。网络环境下获取的信息是多媒体的，馆藏资源的获取有多种方式。文献可以通过传统的购买、交换和捐赠方式获得，电子信息可以通过互联网获得。这意味着所获得的信息不仅是文本，还包括音频文件、图形文件等可以存储在计算机中的数据。此外，随着网络出版物的发展，传统图书馆通过收藏占有文献的模式也在发生变化，从文献所有权向文献检索和购买使用权的方向发展。以期刊为例，会有多种形式，如借阅、在线购买、论文精选等，能最大限度地满足读者和用户的各种需求。

4.图书信息资源结构向网络型发展

在网络环境下，信息网络已成为建立图书馆文献信息资源保障体系的主要支撑，是特定图书馆微观文献信息建设与整体图书馆宏观文献信息资源建设的最佳接口。为了实现传统图书馆环境下的馆际资源共享，集中统一目录和相应的馆际互借系统是基本的技术机制。这种馆际互借和资源共享主要为读者提供卡片式或图书式目录，检索和获得文献的概率非常低。随着互联网的快速发展，全球范围内的信息资源交换和共享已成为现实。互联网被认为是世界上最大的图书馆，为图书馆信息收集创造了广阔的自由空间。它的迅速普及极大地丰富了图书馆的资源库，改变了信息资源的结构。人们可以利用现有的条件和技术，通过互联网和网上图书馆进行交流，借阅全球网上图书馆的信息资源，以补充我国相对贫乏的馆藏资源。由于资源的共享，图书工作的信息资源可以分为两部分：馆藏资源和网络资源。

5.图书馆服务的形式和内容多样化

传统意义上的图书馆提供的是一种静态的文献保存和传播服务，且此时的图书馆服务是被动的、保守的，更多地体现在读者自发的、有意识的行为上。在网络环境下，图书馆提供动态的信息服务。此时，图书馆的服务是主动的、开放的，更多地体现为图书馆与读者之间的一种互动行为。一方面，读者有目的地向图书馆询问他们需要的相关信息；另一方面，图书馆通过对信息资源的组织、加工、整理和开发，为读者提供创造性服务。图书馆管理人员可以随时从互联网上获取读者的意见，可以利用互联网上的多媒体信息，拓展网上信息服务，为用户提供信息。管理者可以使用各种搜索手段来进行服务，如针对读者开展网上信息跟踪服务，为读者代读，定期或根据需要随时将网上的信息传递给用户。图书馆服务也可以为读者提供在线专题导航，帮助用户查找 Internet 上各个服务器的网络地址，并通过该地址访问服务器提供的信息。图书馆服务人员不仅可以根据行业特点和读者需求来进行网站导航，还可以弥补不足。同时，其还可以利用网络传播手段传递信息，广泛接触读者和用户，接受读者的咨询，并以最快的速度将咨询结果和文献信息反馈给读者。

6.图书馆组织管理向适应数字图书馆发展的方向转变

（1）实现管理思想的变革。变封闭的借阅场所为开放的知识信息传递中心，变静态的馆内服务为追踪经济建设、科研教学发展的动态社会化服务，变图书情报资源分割管理为广泛联系，形成资源共享的网络。

（2）进行管理系统的改革。一是改革图书馆领导制度，二是加强纵向的控制和横向的协调。

（3）进行组织体系的改革。要本着精简机构、简化关系、减少内耗、提高效率的原则，对图书馆传统的组织体系进行改革。

（4）进行用人制度的改革。树立新的用人观念，以"公平、平等、竞争、择优、能级"为原则，实行新的分配办法，注重人才的开发、培养和使用。

（5）开展商业模式改革。在坚持免费服务原则的同时，积极探索产业化发展之路，建立服务管理的图书馆管理新模式。知识经济时代是一个以创新为基础的时代，所以我们必须始终把握时代精神，自觉树立创新理念，不断创新管理机制和管理体制，只有这样我们的图书馆事业才能不断向前推进。

未来，图书馆员工作的主要对象将从传统文献向网络信息转变，图书馆员自身也将从文献传递者向信息导航员转变，工作手段将越来越自动化，充满高科技。在网络环境下，图书馆员必须扮演多重角色，其核心角色有三个：一是管理者，负责收集记录下的信息；二是传播者，使用收集到的信息来回答用户的问题；三是教育者，通过与用户的互动来帮助用户对信息资源进行理解和获取。因此，未来图书馆对图书馆工作人员的素质提出了更高的要求，图书馆队伍建设必须适应信息社会变化的需要。

7.图书馆整体水平不断提高

传统图书馆基本处于独立自主、自行其是的状态，图书馆与其他信息组织和整个社会信息源之间没有建立起密切的联系，图书馆之间的合作也缺乏实质性的内容。在网络环境下，图书馆之间在信息资源共享的基础上，建立了平等的合作关系，促进了图书馆事业整体水平的提高。网络环境促进了图书馆与信息机构、互联网开发者以及所有与信息相关的社会机构之间的合作，也促进了各图书馆对共同感兴趣的问题的研究。此外，网络环境下与图书馆事业相关的法律法规，如版权保护、信息安全与信息犯罪防治法、不良信息传播限制法、图书馆法等也得到了完善。

总之，在网络环境下，图书馆管理理念由封闭向开放和创新转变；图书馆馆藏由自成体系向共建共享转变；图书馆的信息组织正朝着高效率、数字化、自动化和深层次的方向发展；图书馆工作人员的结构、素质和能力不断提高；图书馆内部管理更加注重创新，图书馆整体水平不断提高。

二、现代图书馆的合作与共享

与传统图书馆相比，数字图书馆的开放性更加突出。在现代信息技术的帮助下，数字图书馆的一大优势在于服务对象和服务领域的拓展。互联网是信息时代最开放、最便捷的知识传播和服务平台。图书馆应在尊重和保护知识产权的前提下，尽可能利用数字资源提供网络服务，解决版权问题。服务是图书馆工作永恒的主题。就数字图书馆建设而言，技术是基础，资源是核心，服务是关键。服务效率决定着数字图书馆建设的成败。加强数字资源的整合与共享是提高图书馆服务水平和服务效率的重要途径。对于本系统而言，在单位服务的同时，合作单位打破部门划分、单位界限，建立和完善互联互通平台，积极开展网上跨库检索和虚拟参考、馆际互借资源、文献无障碍合作，促进数字资源的实施与共享，已成为未来数字图书馆发展的重要方向。

（一）图书馆合作与资源共享的重要性

高校是人才培养和科学研究的聚集地，对各个学科的信息资源都有需求。不同层次的信息使用者对信息面有不同的需求。虽然各图书馆都实现了计算机和网络管理，但单靠自己的力量难以满足用户的全方位需求，难以收集到各学科的全部信息资源，因此各图书馆应进行合作，共同建设与发展，提高文献信息资源开发利用的综合能力，促进各高校信息资源的互联互通，也有利于各高校师生信息资源的充分共享。国家教委与高等教育网联合开发的 CALIS 系统（中国高等教育文献保障系统）是"211"总体建设规划之一，是实现"211"工程建设总体目标的重要保障，并促成了较为完善的文献信息资源服务网络。其宗旨是实现资源共建、互知、共享，最大限度地发挥社会和经济效益，为我国高等教育服务；其意义在于促进高校图书馆文献信息资源的合理优化配置，深化资源的有效开发利用。

（二）数字图书馆合作与共享的主要方法

1. 建立有效合作的图书馆联盟

所谓图书馆联盟，是图书馆界为了满足网络环境的需要，实现资源共享、互惠互利、协同发展的目的而共同发起的。自 1990 年以来，美国、英国、德国、澳大利亚与许多发展中国家建立了图书馆联盟，在许多方面广泛合作与分享，有效地促进了图书馆事业的发展。图书馆联盟是数字时代图书馆合作最可行的方案，有利于图书馆之间高效、低成本的资源建设和共享。

经过多年的发展，图书馆联盟的组织形式变得灵活多样、种类繁多、功能各异，在数字资源方面主要体现为资源引进、统一投资、联合采购、共享使用的统一规则。通过联盟合作，可建立相应的技术标准和平台，共同开发、整合和保存数字资源。以联盟的名义利于争取政府、社会团体、企事业单位等机构的资助，争取各方的理解和支持，开展人员培训和交流活动。

图书馆联盟是解决信息快速增长与图书馆资金短缺、传统服务不能满足网络环境下需求之间矛盾的有效途径。它是数字时代图书馆的生存模式和发展方向。它真正突破了图书馆，特别是高校图书馆自主发展和自我保护的局面，从理念、制度和方法上实现了资源共享。它打破了传统的图书馆合作模式，真正实现了跨系统、跨地区共建共享。

2. 积极开展标准规范制定、技术交流、人员培训等方面的合作

经过多年的努力，我国各大数字图书馆初步建立了大量数字资源。但是，由于不同的标准和规范，许多资源无法共享和有效利用。实际上，国家标准化管理委员会批准成立了国家图书馆标准化技术委员会，依托国家图书馆标准化技术委员会，将进一步推进标准规范建设。要解决数字图书馆建设中的技术瓶颈，必须组建一批专业的技术骨干队伍，并促使他们积极参与有关交流与合作，跟踪学习国际数字图书馆建设的新理

念、新技术和新成果。数字图书馆需要全方位、多层次、高层次的人才，而管理人才、数字馆员人才、技术人才、法律人才尤其缺乏。研究制定数字图书馆人才培养和培训计划，加强人才培养合作，造就一批高素质的专业人才，可确保我国数字图书馆建设、维护和服务的高水平。

3. 加强有关版权问题的协调与合作

在网络时代，著作权人的专有权随着信息网络传播权的确立而延伸到了网络空间。面对日益增多的版权扩张趋势，如何在不违反法律的前提下，在图书馆数字资源建设服务与著作权人权利之间找到平衡，是一个值得思考的问题。数字图书馆合作成员单位应在充分利用有关规定的同时，进一步加强合作，研究对策，争取政策，协调立场，在版权处理和购买方面做好工作。

4. 构建具有共享功能的数字图书馆虚拟平台

数字图书馆虚拟平台的建设需要合作单位、开发商和政府部门的共同参与，它是数字图书馆的本质，以信息资源为依托，借助网络为广大读者提供方便快捷的信息资源获取通道。从其本质可知，数字图书馆是网络环境下信息资源管理的重要媒介和组织形式。借助网络和计算机技术的完善工具——数字图书馆，信息资源管理将向自动化、智能化方向发展。

为了支持资源提供者和资源消费者之间的资源共享，数字图书馆的建设可以借鉴虚拟研究组织的建设机制。虚拟研究组织的构建机制主要基于各种高级共享控制规则，并在收集用户、资源集和服务集的基础上建模。数字图书馆可以根据信息资源提供者提供的资源和服务的不同类型以及虚拟研究组织的建设机制，提高资源和服务被发现的概率。

总之，图书馆合作是实现资源共享的重要途径，是社会发展的必然趋势，是图书馆生存的必要条件。图书馆的力量是有限的，如果图书馆知道如何利用外部力量来促进自身的发展，图书馆的效益将是无限的。合作是一种能力，不仅要知道如何主动与人合作，也要知道如何让人主动与自己合作；合作也是一种无形的财富，找到合适的目标投资，可以使有限的资源发挥无限的作用。

　　因此,如果你想在某一领域取得成功,掌握合作的能力是非常重要的。在自主创新时代,各单位数字图书馆团结一致,求同存异,开展多种形式的合作与共享活动,将谱写图书馆事业发展的新篇章。

参考文献

[1] 蔡莉静 . 图书馆信息服务 [M]. 北京：海洋出版社，2009.

[2] 蔡莉静 . 图书馆读者业务工作 [M]. 北京：海洋出版社，2013.

[3] 程应红 . 图书馆参考咨询工作 [M]. 合肥：安徽大学出版社，2009.

[4] 崔毅 . 人力资源管理 [M]. 上海：上海人民出版社，2002.

[5] 李海英 . 图书馆服务管理 [M]. 北京：国家图书馆出版社，2011.

[6] 李松妹 . 现代图书馆管理概论 [M]. 北京：北京图书馆出版社，2007.

[7] 李欣 . 图书馆自动化集成系统 [M]. 重庆：重庆大学出版社，2011.

[8] 刘金玲 . 现代图书馆开放服务与管理 [M]. 成都：四川大学出版社，2012.

[9] 欧阳红 . 图书馆服务探析 [M]. 北京：中国社会科学出版社，2011.

[10] 孙琪 . 现代图书馆参考咨询服务 [M]. 合肥：安徽大学出版社，2015.

[11] 王居平 . 网络环境下图书馆服务的理论与实践 [M]. 合肥：安徽大学出版社，2009.

[12] 王频 . 图书馆服务体系构建 [M]. 北京：科学出版社，2010.

[13] 王宇 . 高校图书馆社会化服务研究 [M]. 北京：中国社会科学出版社，2014.

[14] 魏群义 . 移动图书馆云服务研究 [M]. 北京：科学出版社，2017.

[15] 吴慰慈 . 图书馆学概论 [M]. 北京：国家图书馆出版社，2008.

[16] 肖希明 . 信息资源建设 [M]. 武汉：武汉大学出版社，2004.

[17] 徐建华 . 现代图书馆管理 [M]. 天津：南开大学出版社，2003.

[18] 姚迎东.公共图书馆社会化服务 [M].武汉：武汉出版社，2013.

[19] 张枫霞.图书馆读者服务 [M].北京：海洋出版社，2009.

[20] 张国宏.职业素质教程 [M].北京：经济管理出版社，2006.

[21] 赵茹林.现代图书馆信息管理 [M].北京：科学出版社，2008.

[22] 别雪君.信息时代研究型大学图书馆馆藏资源建设探析 [J].理论月刊，2009（8）：183-185.

[23] 蔡颖,王宇.图书馆信息服务中的人文理念[J].图书馆建设,2005(5)：62-64.

[24] 陈本峰.现代图书馆规章制度建设的实践创新与思考 [J].图书馆建设，2008（11）：11-13.

[25] 陈建华.我国高校图书馆学科馆员制度的现状与前景[J].图书馆理论与实践，2007（2）：88-89，148.

[26] 戴建行，雍飞玲.试论高校图书馆员工绩效考评存在的问题与对策[J].萍乡高等专科学校学报，2007（4）：97-100.

[27] 戴军.美国人力资源管理模式的启示 [J].中国人力资源开发，2004（2）：71-73.

[28] 邓春燕.完善图书馆馆员绩效考核机制的思考 [J].中华医学图书情报杂志，2008（4）：101-21.

[29] 高波.吴慰慈.从文献资源建设到信息资源建设[J].中国图书馆学报，2000（5）：22-25.

[30] 郭庆松.新世纪中国人力资源管理研究面临的挑战与发展趋势 [J].宁夏社会科学，2004（2）：37-42.

[31] 何劲梅.知识经济时代图书馆员继续教育初探 [J].科技资讯，2007（8）：235-236.

[32] 柯平.学科馆员工作十步走——大学图书馆学科馆员实践研究之一[J].高校图书馆工作，2008（3）：1-5，20.

[33] 乐灵芝.从人事管理到人力资源管理的转变 [J].江西图书馆学刊，2004（1）：84-85.

[34] 吕建辉.大学图书馆规章制度建设探索[J].图书馆理论与实践，2004（3）：71–99.

[35] 马继民.新时期人力资源管理在企业管理中的战略意义[J].开发研究，2000（4）：51–52.

[36] 毛军.论图书馆人力资源管理的创新发展[J].现代情报，2002（8）：4–5,7.

[37] 牛根义.数字时代图书馆员的继续教育[J].继续教育研究,2008（10）：9–10.

[38] 裴雷，马费成.公共数字信息资源的建设与开发利用对策[J].中国图书馆学报，2007（6）：69–73.

[39] 尚惠，商如斌.平衡计分卡在高校图书馆绩效评价中的应用[J].内蒙古农业大学学报（社会科学版），2007（3）：11–13.

[40] 沈琴琴.人力资源管理新趋向与工会的应对措施[J].工会理论与实践，2004（6）：1–7.

[41] 谭玉萍.论高校图书馆的绩效管理与绩效考核[J].广西民族大学学报（哲学社会科学版），2007（5）：145–147.

[42] 陶方林.我国图书馆人力资源管理现状与对策[J].新世纪图书馆，2009（1）：74–76，95.

[43] 田小俊."人本管理"是建设和谐图书馆的根本保证[J].科技情报开发与经济，2007（6）：24–26.

[44] 王爱莲.浅谈图书馆人性化管理与服务[J].贵图学刊，2007（1）：61–62.

[45] 王文，吴晓波.完善图书馆绩效考核机制的探讨[J].江西电力职业技术学院学报，2009（2）：86–87，93.

[46] 温国华.浅谈高校图书馆人力资源的开发与管理[J].科技创新导报，2009（3）：180.

[47] 夏侯云.论图书馆人力资源的开发与管理[J].江西科技师范学院学报，2004（1）：100–102.

[48] 徐晓琳，彭瑶．浅议图书馆绩效管理 [J]．重庆工学院学报，2006（4）：188-190，196.

[49] 许英．图书馆人力资源开发与管理 [J]．贵图学刊，2004（2）：10-11.

[50] 杨永芳．关于加强图书馆全员培训的研究 [J]．安徽工业大学学报（社会科学版），2006（6）：154-155.

[51] 张金锁．现代图书馆人力资源的开发与管理 [J]．鞍山师范学院学报，2004（2）：91-92.

[52] 张楠，于冬梅．图书馆员工绩效评价体系中存在的问题及对策 [J]．图书馆学研究，2007（7）：28-30.

[53] 张艳．学科馆员制度试行的思考和建议——以首都经济贸易大学图书馆为例 [J]．图书馆理论与实践，2009（6）：82-84.

[54] 张易，韩松涛．学科馆员发展目标探讨 [J]．图书馆建设，2007（5）：31-33.

[55] 赵禁，张卫华．网络环境下大学图书馆的信息资源建设与共享 [J]．大学图书馆学报，2003（2）：40-42.

[56] 朱晓凤．浅析高校图书馆职工绩效考核机制完善策略 [J]．科教文汇（下旬刊），2010（2）：193-194.

[57] 朱秀珍，陈新添，黄进龙，朱丽．高校图书馆绩效评估管理问题探讨 [J]．现代情报，2008（1）：182-183，204.

[58] 庄雷．论图书馆人力资源管理中的绩效考核 [J]．图书馆建设，2006（1）：65-68.